Karl-Wilhelm Weeber

Mit dem Latein am Ende?

Tradition mit Perspektiven

VANDENHOECK & RUPRECHT

Karl-Wilhelm Weeber

Professor Dr. phil.; Jahrgang 1950, Studium der klassischen Philologie, Geschichte und Etruskologie in Bochum und Rom. Honorarprofessor für Alte Geschichte an der Universität Wuppertal; Studiendirektor am Wilhelm-Dörpfeld-Gymnasium, Wuppertal; Fachleiter für Latein am Studienseminar Düsseldorf; Lehrbeauftragter für Didaktik der Alten Sprachen an der Universität Bochum. Zahlreiche Veröffentlichungen vor allem zu kulturgeschichtlichen Themen; darunter das Standardwerk »Alltag im Alten Rom. Ein Lexikon«.

Die Deutsche Bibliothek – CIP-Einheitsaufnahme

Weeber, Karl-Wilhelm:
Mit dem Latein am Ende?: Tradition mit Perspektiven /
Karl-Wilhelm Weeber. –
Göttingen: Vandenhoeck und Ruprecht, 1998
(Kleine Reihe V & R; 4003)
ISBN 3-525-34003-6

KLEINE REIHE V&R 4003

Umschlag: Jürgen Kochinke, Holle
Schrift: Concorde regular
Gesamtherstellung: Hubert & Co., Göttingen

Inhalt

Eine der ältesten römischen Münzen (nach 235 v. Chr.) mit dem Kopf des doppelgesichtigen Gottes Ianus. Auch er – wie der Lateinunterricht – ein Mittler zwischen Vergangenheit und Zukunft.
Original: British Museum; Roman Republic Silver Coin. PCR 23 after BMC 83, 1931-5-4-28.

1. Einleitung

Latein an der Schwelle zum dritten Jahrtausend? Geistige Kapazitäten in das Erlernen der »toten« Sprache der alten Römer investieren – was »bringt« mir das? *Latinum in latrinam!* – Diesem Schlachtruf der Anti-Latein-Kampagne im Gefolge des Umbruchs von 1968 folgen viele Schüler, indem sie das mittlerweile freiwillige Latein-Angebot ihrer Schulen nicht annehmen.

Nicht wenige von ihnen reiben sich allerdings verwundert die Augen, wenn sie zur Universität kommen. Überrascht stellen sie fest, daß in zahlreichen Studiengängen ohne Latinum oder zumindest Lateinkenntnisse nichts geht. Und dann beginnt eine vielfach als Martyrium empfundene »Aufholjagd« in Sachen Latein, die sich mindestens über drei Semester hinzieht – in denen an ein Normalstudium in den eigentlichen Studienfächern nicht zu denken ist. Kein Wunder: Es gilt, innerhalb von eineinhalb Jahren in Uni-Kursen das nachzuholen, wozu der Schulunterricht auf der Sekundarstufe I zwischen viereinhalb und sechs Jahren benötigt. Das absorbiert enorme Kräfte. Entsprechend hoch ist die Abbrecherquote in den Kursen, die z. T. mit über 200 Studierenden anfangen – wobei viele im nächsten Semester dann einen neuen Anlauf starten. Gegen die intensiven Lateinkurse der Universität ist, das werden die meisten Absolventen bestätigen, jeder Schulunterricht ein Zuckerschlecken – auch im »schwierigen« Fach Latein.

Der Preis für die schulische Wahl-Freiheit, das zeigt dieses Schlaglicht, kann hoch sein. Ob es besonders klug und besonders fair sei, bezweifelte Altbundespräsident Richard von Weizsäcker anläßlich der Entgegennahme des Humanismus-Preises im Frühjahr 1998, unerfahrenen Eltern und Schülern Basisfächer der Bildung wie das Lateinische fakultativ anzubieten – zumal im Unterschied zu den modernen Fremdsprachen die Schule in der Regel der einzige Ort sei, Latein und Griechisch zu lernen. Dem Argument kommt zusätzliche Bedeutung zu, wenn man bedenkt, daß im Zeichen erheblich höherer Übergangsquoten zum Gymnasium viele Eltern selbst nie Latein gelernt haben. Das traditionelle Bildungsbürgertum weiß, warum es seine Kinder Latein lernen läßt (und übrigens auch verstärkt die jetzt etablierte Generation der »68er«). Da ist es in der Tat nicht sehr fair, »lateinferne« Eltern und ihre Kinder ins schulische Latein-Vakuum laufen zu lassen. Besonders empörend und verlogen ist das, wenn es mit Polemik gegen den vermeintlichen »bürgerlich-elitären« Charakter des Faches garniert wird. Mit Chancengleichheit hat eine »Beratung« dieser Art wenig zu tun. Wer bildungspolitisch die Förderung von »Arbeiterkindern« auf seine Fahnen geschrieben hat, der sollte ihnen den Weg zum Latein-Lernen nicht verbauen.

Ein anderes Motiv für Latein-»Vermeidungsverhalten« ist die Hoffnung auf ein möglichst »glattes« schulisches Durchkommen. Mit Beginn der Klasse 5 sollen da Weichen für einen guten Startplatz beim Numerus-clausus-Wettlauf gestellt werden. Als wenn Schule nur eine Art Durchlauferhitzer für zeitig und zielstrebig geplante Berufskarrieren wäre! Freilich wird auch bei dieser »cleveren« Planung die Latein-Quittung nicht selten nachgereicht – was genauso zum bösen Erwachen führt.

»Warum hat mir das keiner gesagt?« heißt eine häufige Klage von Absolvent(inn)en universitärer »Latinumskurse«. Dieses Buch versteht sich als eine Antwort darauf. Es will Eltern, Schülern und einer bildungspolitisch interessierten Öffentlichkeit die Bildungsleistungen des Faches Latein näherbringen – so weit wie möglich unter Verzicht auf Fachdidaktiker-Jargon und ganz gewiß nicht nur unter dem eher formalen Gesichtspunkt der Anforderung von Studienordnungen. Über diese und andere offensichtliche Nützlichkeitserwägungen hinaus gibt es gute Gründe dafür, warum das Gymnasium auf *sein* spezifisches Fach Latein als »multivalenten« Träger höherer Allgemeinbildung nicht verzichten kann.

Latein ist kein Auslaufmodell für den Bildungsfriedhof, sondern ein gymnasiales Basisfach, das in mancher Hinsicht heute wichtiger ist denn je – das ist die zentrale These dieses Buches. Innerhalb des schulischen Gesamtcurriculums erbringt es Leistungen, die von keinem anderen Fach in dieser Breite abgedeckt werden.

Man kann das Schulfach Latein nicht nur mit einem einzigen Argument legitimieren, wohl aber mit einem Bündel von Argumenten. Latein ist, wenn man so will, ein Mehrzweckfach – was keine

Schwäche, sondern eine große Stärke ist. Mit seinen Bildungsleistungen braucht sich Latein hinter anderen Schulfächern gewiß nicht zu verstecken.

Es wird Zeit, die grundlegenden Bildungsleistungen des Faches offensiv zu vertreten, sich zu ihnen zu bekennen und nicht kleinmütig und eingeschüchtert in einer apologetischen Ecke zu hocken oder den Untergang des Abendlandes zu beklagen. So weit ist es noch lange nicht. Latein hat Zukunft.

Dies um so mehr, als sich Unterrichtsmethoden, Lernziele und Lehrbücher gegenüber früheren Generationen gründlich gewandelt haben. Der Lateinunterricht ist »moderner« geworden – was keine modische Anpassung an irgendeinen Zeitgeschmack beschreibt, wohl aber die notwendige Reform-Antwort auf eine veränderte politische, gesellschaftliche und kulturelle Situation ist – und damit auf die veränderten Unterrichtsbedingungen und neuen Schülergenerationen. Lateinunterricht ist schülerorientierter, motivierender, lebensnaher geworden, und das ist gut so. Daß die schulische Realität mancherorts mehr oder weniger deutlich der fachdidaktischen Theorie hinterher hinkt, soll nicht verschwiegen werden. Die vorliegende Darstellung will auch einige neue Wege aufzeigen, die der Lateinunterricht – dem modifizierten Selbstverständnis des Faches entsprechend – bei der Auswahl seiner Stoffe sowie in den Vermittlungsmethoden eingeschlagen hat. Sie wendet sich damit auch an Lateinlehrerinnen und -lehrer, um für diese Neuorientierung hier und da etwas zu werben. Nicht überall, das muß eingeräumt werden, haben die Prinzipien der modernen Fachdidaktik so »gegriffen«, daß die in diesem Buch beschriebenen Bildungsleistungen des Faches in dem vor Ort jeweils möglichen Umfang erreicht werden. Freilich klafft zwischen Anspruch und Wirklichkeit stets eine Lücke – wer wüßte das besser als jemand, der selbst ausgesprochen gern, aber nicht ohne (auch selbstverschuldete) Frustrationserlebnisse Latein unterrichtet!

Und was ist mit Griechisch? wird manch eine Stimme aus dem Kreise der altphilologischen Kollegen fragen – vielleicht ein wenig enttäuscht darüber, daß die Darstellung auf diesen altsprachlichen »Zwilling« des Lateinischen nicht ausdrücklich eingeht. Eine klare Antwort darauf: »Mit Griechisch am Ende« – auch dahinter gehört nach der festen Überzeugung des Verfassers noch lange kein Ausrufezeichen. Eine überzeugende Legitimierung des Schulfaches Griechisch läßt sich sehr wohl leisten; sie muß jedoch argumentativ anders ansetzen als die für das Lateinische. Dafür gibt es indes Berufenere als den Autor dieses Buches. Sie sollten sich unüberhörbar zu Wort melden.

2. Latein macht Spaß –
Motivation wird in modernen Lehrbüchern groß geschrieben

Comics, Bilder und Rätsel – Lernhilfen in attraktivem Layout

Moderne Comics und antike Graffiti als Abbildungen in einem Lateinbuch? Vor ein paar Jahrzehnten noch hätten Abendland-Bewegte die Hände über dem Kopf zusammengeschlagen. Die Frage wäre nur noch gewesen, ob der Untergang der abendländisch-humanistischen Bildung kurz bevorgestanden oder sich schon vollzogen habe.

Heute, angesichts der »dritten Generation« der Lateinbücher nach dem Krieg, wundert sich darüber niemand mehr, und selbst konservative Fachvertreter haben, neudeutsch ausgedrückt, kein Problem damit – Asterix sei Dank und jenen anonymen Vorfahren der heutigen Sprayer-Generation, die ihre inschriftlichen und figürlichen Graffiti in den Putz pompejanischer Hauswände geritzt haben. Beim Durchblättern moderner Latein-Lehrwerke merkt man sofort: Die Antike ist von ihrem marmorn-sterilen Sockel herabgestiegen; die ehrfurchtsvolle Langeweile verströmenden Übungsbücher strenger »Klassik-Vermittlung« sind bunt bebilderten Latein-Fibeln mit ansprechendem Layout gewichen. »Mit *so* einem Buch hätte ich auch gern Latein gelernt«, ist eine der häufigsten Reaktionen, wenn Angehörige älterer Latein-Generationen ein modernes Lehrbuch in die Hand nehmen – Anerkennung mischt sich dabei mit einem Anflug von Neid, und mindestens der Tonfall transportiert die unausgesprochene Botschaft, daß man mit einem solchen Lehrbuch natürlich ganz andere Latein-Zensuren »erwirtschaftet« hätte …

Vielleicht stimmt's sogar. Denn Motivation, das hat die psychologische und pädagogische Forschung eindeutig erwiesen, erleichtert das Lernen ungemein und erhöht die Leistungsfähigkeit (die indes durch andere, außerschulische, Faktoren nicht unbeträchtlich behindert wird; s. S. 146 ff.). Wer es als Anbiederung an den »Zeitgeist« empfindet, wenn lateinische Schulbücher ähnlich – z.T. jetzt sogar attraktiver! – aufgemacht sind wie englische oder französische Lehrwerke, der übersieht, daß es dabei um *Methoden* geht, Schülern bewährte Inhalte auf zeitgemäße Weise zu vermitteln. Mit einem Verlust an Niveau und Substanz geht diese schülernahe Methode keineswegs einher.

Was gehört außer Comics, Graffiti und ansprechendem Layout zur »Aufrüstung« neuester Lateinwerke in Sachen Motivation? Im Zeitalter schier omnipräsenter Visualisierung dürfen Abbildungen nicht fehlen. Im Unterschied zu älteren Lehrbüchern, die nicht selten durch einen eher lieblos zusammengestellten Bildteil häufig ohne klare Bezüge zu den Texten hervorstachen, werden die Bilder heute nach streng funktionalen Gesichtspunkten ausgewählt. Gewiß, sie sind schön anzusehen und erhöhen den optischen Reiz des Lehrbuches – so daß sie vielfach zum Weiterblättern animieren. Aber sie sind auch deutlich mit den Texten verzahnt. Einem oberflächlichen optischen Konsum wird damit ein Riegel vorgeschoben. Bilder in Lateinbüchern haben illustrierende und informierende Funktion; sie lassen sich in methodisch unterschiedlicher Weise zur Erweiterung der Information und Vertiefung des Textverständnisses nutzen.

Motivierendes Übungsmaterial, das auch die Kreativität der Schüler anspricht und fördert, findet sich in vielen modernen Lehrbüchern; darunter allerlei Rätselformen vom Vokabel-Kreuzwortbzw. Silbenrätsel über das Suchen des »Störenfrieds« (welches Wort paßt nicht zu den anderen? Die Schüler müssen die Kategorie der Trennschärfe selbst finden) bis zu inhaltlichen »Knobeleien«, bei denen z. B. die richtige Reihenfolge der Sätze »verlorengegangen« und aus den Einzelelementen ein sinnvoller Text zusammenzusetzen ist. Der Unterschiedlichkeit der Übungsformen entspricht die Vielfalt der Aufgabenbereiche. Sicher beziehen sich die meisten Übungen auf sprachlich-grammatische Sachverhalte, aber entsprechend den weiteren Lernzielen des Lateinunterrichts stellen die Lehrbücher auch Übungsmaterial zur Geschichte und zum Alltag der Römer bereit, zur antiken Mythologie, Geistes- und Technikgeschichte, zu archäologischen Themen, zum Nachleben berühmter Gestalten in Mittelalter und Neuzeit und auch zur »praktischen« Anwendung des im Lateinunterricht Gelernten in der heutigen Welt: Latein in der Werbung, lateinstämmige Fremdwörter im Deutschen, lateinisches Vokabular im Englischen und in den romanischen Fremdsprachen (vgl. Kap. 9 und 10), noch gebräuchliche Sprichwörter und Redewendungen (meist ohne die moralinsauren, mit denen ältere Lateinbücher angeblich römischen Geist vermitteln wollten).

Handlungsorientierung – auch im Lateinunterricht möglich

Selbst lateinische Lieder – besser: bekannte Melodien mit lateinischen Texten – sind in manchen Lehrbüchern abgedruckt. Wem das nicht reicht, der kann auf ein preiswertes Reclam-Bändchen – »*Cantate Latine!*« – zurückgreifen, in dem von *Est rima in hama, o Lisa, o Lisa!* (»Ein Loch ist im Eimer …«) bis zu *Fer auxilium mihi …* (»Help!«…) eine bunte Mischung von *carmina Latina* zusammengestellt ist. Wobei, keine Sorge, Singen im Lateinunterricht alles andere als einen zentralen Platz einnimmt …

»Handlungsorientierung« ist eines der Zauberwörter in der gegenwärtigen pädagogischen Diskussion. Latein ist ein kopflastiges Fach, aber es gibt doch ansprechende Möglichkeiten, ab und zu auch einmal »handelnd« zu lernen. Das einfachste und effizienteste Material, das Lehrbücher dazu bereitstellen, sind viele dialogisch aufgebaute Stücke, manchmal an Original- (z.B. Komödien-)Texte angelehnt, manchmal reine Kunsttexte wie Gespräche zwischen Mitgliedern der altrömischen Familie, die die Schüler in modernen Lehrwerken zumindest in den ersten Lektionen ein bißchen an die Hand nehmen und in die Welt der Römer begleiten. Die Struktur solcher Stücke verlangt geradezu nach szenischer Umsetzung – da wird das Klassenzimmer für ein paar Minuten ohne großen Aufwand, aber mit großem Motivationsgewinn zu Bühne und Zuschauerraum in einem. Die Schüler machen gleichzeitig die nicht unwichtige Erfahrung, daß Latein sehr wohl auch eine lebendige, gesprochene Sprache gewesen ist. Lateinisches Theaterspiel – das kann sich natürlich auch unabhängig vom Lehrbuch »ereignen« und auf Schulfesten, bei Projektwochen, auf Elternabenden und zur Begrüßung neuer Sextaner einem größeren Publikum vorgeführt werden. So etwas geschieht häufiger, als man vermuten möchte, wenngleich es sicher (noch?) nicht die Regel ist.

Andere handlungsorientierte Projekte können das Erstellen eines lateinischen Hörspiels sein, eine »lateinische« Spurensuche in der eigenen Stadt, Streifzüge durch Antikenmuseen und Ausgrabungsstätten, Kochen wie die alten Römer (mit Präsentation der »Ergebnisse« in einer *taberna Romana* auf dem Schulfest ...), rezeptionsgeschichtlich-fächerübergreifendes Suchen nach Figuren der antiken Mythologie in der heutigen Welt bis hin zu entsprechenden Internet-Recherchen oder schlicht die Über-Setzung lateinischer Sätze in nichtsprachliche Dokumente wie etwa selbstgemalte Bilder – um nur eine kleine Auswahl kreativer und/oder handlungsorientierter Ansätze vorzustellen. In der schulischen Wirklichkeit, das soll nicht verschwiegen werden, gehört dergleichen noch nicht zum Standardrepertoire des Lateinunterrichts. Es spricht aber nichts dagegen, wenn Schüler und Eltern solche Anregungen an »ihre« Lateinlehrer weitergeben ...

Eine willkommene Abwechslung kann auch einmal ein bißchen *Latine loqui* sein. Lateinisch zu sprechen ist *kein* Ziel des Faches, und daher kann es sich natürlich nur auf kurze Sätze oder knappe Antworten beziehen. Gute Gelegenheiten gibt es ab und zu schon: Etwa bei der Besprechung von Präpositionen, wo Schüler vom Lehrer oder von Mitschülern nach der Lage von Gegenständen oder Personen im Klassenzimmer gefragt oder zu »Bewegungen« im Raum aufgefordert werden. Warum zum Einüben der lateinischen Zahlen nicht Rechenoperationen auf Lateinisch durchführen? – das sind überschaubare »Textmengen«, die niemanden überfordern und die von den meisten Schülern als motivierende direkte Anwendung lateinischen Lernstoffes empfunden werden.

Bei jüngeren Schülern kommen Lernspiele gut an: Wettbewerbsformen wie »Vokabelschlachten« (Schüler überprüfen in Mannschaften gegenseitig ihre Kenntnisse; wer's nicht weiß, scheidet aus), »Montagsmaler« mit lateinischen Begriffen oder »Galgenmännchen«. Auch wenn man den kognitiven Ertrag solcher Lernspiele nicht überbewerten sollte – sie leisten einiges in Sachen (auch mittelfristiger) Motivation für das Fach. Gerade in einem anspruchsvollen »Kopffach« tun solche Erholungsphasen gut.

Abwechslung und Methodenvielfalt können auch die Grammatik-Arbeit entlasten. Vorschläge und Materialien gibt es dazu in der fachdidaktischen Literatur zur Genüge; auch hier wieder besonders mit Blick auf relativ junge Lerner. Was ist etwa so schlimm daran, wenn man das Deklinieren am Beispiel von – ggf. latinisierten – Vornamen der Schüler übt? Mit »Danielus« oder »Laura« geht das bestens, und das lateinische Deklinieren von »Coca-Cola« bietet sogar den Vorzug, die a-Deklination gewissermaßen im »Doppelschlag« zu festigen ...

Schülernahe Lektionstexte – ein Verlust an Substanz?

Kommen wir zu den Lehrbüchern zurück. Wer vor einigen Jahrzehnten Latein gelernt hat und sich jetzt die Lektionstexte moderner Lehrwerke anschaut, kommt aus dem Staunen nicht mehr heraus. Die Texte sind deutlich schülernäher und damit motivierender geworden, frischer, lebendiger und spannender. Dabei weder inhaltlich anspruchsloser noch sprachlich leichter – und auch nicht weniger repräsentativ für die römische Antike! Im Gegenteil: Früher überwogen geschichtliche Stoffe mit starker *virtus*-Schlagseite (»Tapferkeit, Tüchtigkeit«), die zudem meist in der großen Welt bedeutender Staatsmänner, Feldherren und Dichterfürsten angesiedelt waren. Heute führen Lehrbücher in *alle* wichtigen Bereiche römischen Lebens ein. Da tauchen auch kleine Leute und Sklaven, Kinder und Frauen auf, da wird auf dem Forum auch gelacht und gekauft, nicht nur feierlich geredet und abgestimmt. Da bekommt man Einblick in Rechtsfälle und Rechtsnormen, in technische Leistungen der römischen Zivilisation, in den – wenig erfreulichen! – Schulunterricht und die – deutlich fröhlicheren! – Feste der Römer – oder man begibt sich auf den Spuren des Plinius sogar in ein Spukhaus. Die »großen« Welten kommen dabei nicht zu kurz: Weder die Welt des Staates und seiner Institutionen mitsamt den ganz Großen der Alten Geschichte wie Caesar und Augustus, Alexander und Hannibal, noch die mythologische Welt einer Helena und eines Hercules, eines Aeneas und einer Niobe, noch die geistige Welt der Dichter und Philosophen. Kurz gesagt, es ist ein buntes Potpourri von Themen, die in den Lehrbuch-Texten angerissen und mit Hilfe deutschsprachiger Informations-Stücke ergänzt oder vertieft werden. *variatio delectat* – warum sollte die alte lateinische Spruchweisheit für lateinische Lehrwerke eigentlich nicht gelten?

Es wurde Zeit, daß pädagogische und motivationspsychologische Erkenntnisse bei der Konzeption und Aufmachung lateinischer Lehrwerke als wichtige Kriterien neben den Erfordernissen der Sache berücksichtigt wurden. Wer das als »Ausverkauf klassischer Bildung« oder ähnlich brandmarkt, hat schlicht keine Ahnung, wovon er spricht. Ihm kann man nur raten, sich an die Übersetzung eines Lehrbuch-Textes etwa aus der Mitte des Bandes zu begeben; da wird er schnell merken, daß sein *Latin-light*-Argwohn unbegründet ist. Latein *ist* »spaßkompatibel« – und sollte es sein. Daß Lateinunterricht nicht zu einer flockig-unverbindlichen *fun*-Veranstaltung abgleitet, dafür sorgt schon die Sache selbst. *suaviter in modo, fortiter in re*, heißt eine goldene Regel, »angenehm in der Art und Weise, fest in der Sache«. Mit Chancen des *suaviter* in der Methode haben wir uns gerade beschäftigt, im nächsten Kapitel ist das *fortiter* an der Reihe. *Ad rem!*

3. Ein Trimm-Pfad des Geistes – Standortvorteil Latein

Schwierig und anspruchsvoll – aber kein »Oder-so-Fach«

Es ist schon ein denkwürdiger Kontrast: Bei Umfragen unter Schülern rangiert das Lateinische im allgemeinen nicht in der Spitzengruppe der Lieblingsfächer. Seufzen und Stöhnen über den Anspruch des Faches gehört zu den normalen Reaktionen. Es gilt als schwierig und erzielt deshalb keine hohen Popularitätswerte. Hört man dagegen gestandene Männer und Frauen über Latein sprechen, so überwiegt die positive Bewertung. Man habe es eigentlich immer ganz gern gemacht, ist ein erstaunlich häufig geäußertes Urteil. Und nützlich sei es allemal gewesen. Politiker, Manager und manchmal auch Größen der Unterhaltungsszene schmücken sich gelegentlich mit ihren schulischen Latein-Erfahrungen und loben sie überzeugend als unerläßliche Grundausstattung an Bildung. Womit die lateinische Sentenz *iucundi acti labores* eindrucksvoll bestätigt wäre: »Angenehm sind die *vollbrachten* Mühen.«

Kein Zweifel: Ohne Mühe und Bemühen geht es im Lateinischen nicht. Es ist eine vergleichsweise schwierige Materie, und dazu sollten die Vertreter des Faches durchaus stehen. Was aber kein Grund zur Resignation oder gar zu elitärer Überheblichkeit ist, sondern eher als pädagogische Herausforderung begriffen werden sollte, diesen Stoff möglichst schülerorientiert und motivierend aufzubereiten. »Anspruchsvoll« ist wahrlich kein Synonym für »öde«, »langweilig« und »uninteressant«.

Es mag Zeiten gegeben haben, in denen das Lateinische bewußt als »Selektionsfach« eingesetzt worden ist. Diese Rolle darf und will es nicht (mehr) spielen. Gewiß, es ist ein spezifisch gymnasiales Angebot, das sich an die leistungsstärkeren Schüler richtet – eben diejenigen, die auch in anderen Fächern dem Anforderungsprofil der Schulform Gymnasium entsprechen. Seine Funktion im Rahmen dieser »Zielgruppe« besteht aber nicht darin, sich als gefürchtetes

»Absäge-Fach« zu profilieren, sondern seine »Klientel« auf möglichst effiziente Weise zu fördern – und zwar mit schülerzugewandten, humanen Methoden und Inhalten.

Daß dieses Konzept nicht in krassem Gegensatz zur Wirklichkeit steht, läßt die Einschätzung des Faches durch seine Schüler sehr wohl erkennen. So »stressig« es im Einzelfall auch empfunden werden mag, so respektvoll wird es durchweg beurteilt: Latein ist eben keines der bequemen, von Schülern vielfach verachteten »Laberfächer«. Es ist kein »Oder-so-Fach«, bei dem es nicht so genau darauf ankommt und man auch schon mal mit unverbindlich-allgemeinen Antworten »durchkommt«, die man mit einem relativierenden »oder so« garniert. Bevor die Wogen der Empörung (»Polemik!«, »Arroganz!«, »Lateiner-Hochmut!«) ob dieser »diffamierenden« Feststellungen über dem Verfasser zusammenbrechen, beeilt er sich hinzuzufügen, daß diese Schüler-Wertungen aus seiner Sicht sich nicht so sehr am *Charakter* solcher Fächer orientieren als an der Art ihrer Vermittlung. Und daß es auch trübe und betrübliche Formen von Lateinunterricht gibt, weiß er nur zu gut – aber im ganzen wird doch Lateinunterricht nur höchst selten als unterfordernder Zeitvertreib oder öde Zeitverschwendung erlebt.

Zielgerichtet denken, sinnvoll entscheiden – Zum Know-how im Umgang mit Latein

Wie erklärt sich die Schwierigkeit des Lateinischen? Linguisten bezeichnen Latein als eine Sprache, die im Vergleich mit den modernen europäischen Sprachen stark impliziert kodiert ist. Das heißt: Latein läßt auf der sprachlichen Oberfläche vieles unausgedrückt, das in anderen Sprachen ausgedrückt wird. Es verfügt z. B. über keine Artikel, es weist eine Reihe »mehrdeutiger« Konjunktionen auf (klassisches Beispiel: *cum*, dessen semantisches Spektrum von »weil« bis zu »obwohl« reicht); es hat einen relativ geringen Wortschatz (und deshalb entsprechend größere Bedeutungsspektren), es hat eine Vorliebe für Partizipialkonstruktionen, deren Sinnrichtung sich erst aus dem Zusammenhang ergibt. Latein zeichnet sich also – dem Mythos besonderer »Klarheit« zum Trotz – durch eine Vielzahl von Mehrdeutigkeiten aus.

Und das erfordert größere Anstrengungen, das Gemeinte sozusagen aus der Summe der Angebote herauszufiltern. Erst genaues Beobachten und zuordnendes Kombinieren in Verbindung mit methodisch-analytischem Vorgehen bringt allmählich Licht ins sprachliche Dunkel. Der Vorgang des »Disambiguierens«, des Eindeutigmachens von prinzipiell Mehr- oder Vieldeutigem, ist ein anspruchsvolles Denk-Training, bei dem nur derjenige mit der Stange im Nebel herumzustochern scheint, der es zu wenig systematisch, ohne methodisches Know-how gewissermaßen, angeht. Es geht also nicht darum, Zufallstreffer zu landen, sondern Texterschließungsstrategien zu verfolgen – und zwar über die Grammatik- *und* die Inhaltsebene. Natürlich gerät man, je zahlreichere Mehrdeutigkeiten eine Passage aufweist, ab und zu in eine Sackgasse. Zum Anspruch des Faches gehört es, sich davon nicht entmutigen zu lassen, sondern beharrlich weiter nach der richtigen Lösung zu suchen.

In neudeutscher pädagogischer Terminologie ausgedrückt: Ein Fall für die *trial-and-error*-Methode. Daß solche »Frustrationstoleranz« nicht gerade zu den besonderen Stärken unserer Kinder und Jugendlichen gehört, ist bekannt. Daß sie in vielen Lebenssituationen und bei zahlreichen Berufsbildern unabdingbar ist, steht auch fest – wobei sie als Tugend kein Selbstzweck ist, wohl aber eine notwendige Basis, vor Schwierigkeiten und Hürden nicht sofort zu kapitulieren, sondern im Sinne positiven, zielgerichteten Denkens neue Lösungsansätze zu unternehmen.

Genaues Hinschauen – Ein aktuelles Gegenprogramm zum täglichen Medien-Konsum

Was ungewohnt ist und von bekannten Strukturen abweicht, wird als schwierig empfunden. Das betrifft ein weiteres Merkmal des Lateinischen: Es ist eine kompakte synthetische Sprache. Latein kommt mit viel weniger Sprachmaterial aus, weil es mehrere Informationen in einem Wort zusammenfaßt. Das erweist sich besonders an den Verbformen. Um das *gaudeamus* aus dem bekannten Studentenlied auszudrücken, braucht das Deutsche vier Wörter: »wir wollen uns freuen«. Das Lateinische verzichtet in der Regel auf ein Personalpronomen. Diese Information steckt in der Endung (-*mus*).

Es braucht auch viel weniger Hilfsverben, um die Modalität auszudrücken: die Aufforderung (»wollen«) wird als Moduszeichen (-a) in die Verbform integriert. Die Reflexivität des Vorgangs (»uns«) ist bei *gaudere* in der Wortbedeutung enthalten; drückt man das gleiche mit Hilfe von *delectare* (»erfreuen«) aus, genügt es im Lateinischen, die Personal-Endung ins (Medio-)Passiv zu setzen: *delectemur*. In einer einzigen Verbform finden sich demnach zusätzlich zur semantischen Grundinformation, um *welche* Tätigkeit es sich handelt, Informationen über die Person, die Modalität der Handlung (wirklich, möglich, gewünscht, unwirklich) und das Genus verbi (Aktiv, Passiv).

Stellen wir beide Formen noch einmal nebeneinander: *gaudeamus* – wir wollen uns freuen. In der Gegenüberstellung wird klar, daß die lateinische Form dem Verstehen größere Widerstände bereitet. Sie erfordert genaues Hinsehen, analytisches »Zerlegen« und Konzentration auf die z.T. unscheinbar wirkenden Einzelelemente. Das ist, wenn man so will, ein sehr effektives Gegenprogramm zur Oberflächlichkeit und Flüchtigkeit, die im Zeitalter medialer Reizüberflutung und aberwitzig rascher Aufeinanderfolge immer neuer visueller und auditiver Stimuli zum Normalprogramm lebensweltlichen »Lernens« gehören.

Latein verlangt Genauigkeit im Detail, erzieht zum aufmerksamen, langsamen Lesen und zur gründlichen Aufnahme von Informationen. In diesem Sinne ist es gewiß »unmodern« – und gleichzeitig als Gegengewicht zur unkritischen Berieselungs-Mentalität hochaktuell.

Zukunftsfähigkeit (auch) dank Latein – »Sekundärtugenden« in einer komplizierten Welt

Gründlichkeit und Ausdauer, Detailgenauigkeit und der Blick für Zusammenhänge, Umsicht und Folgerichtigkeit im Erarbeitungsprozeß – das sind Arbeitshaltungen, die *diese* Sprache aufgrund ihrer Struktur in besonderem Maße erwartet – und die sie gleichzeitig fördert und verbessert.

Und mit all dem soll hier für das Lateinische *geworben* werden? Das klingt ja wie aus dem Katalog für geistige Folterwerkzeuge und sieht nach einem tiefen Griff in die Mottenkiste von Haltungen aus, die als Sekundärtugenden zu diskreditieren wir uns schon lange angewöhnt haben!

Wer so argumentiert, übersieht, daß genau diese Sekundärtugenden Schlüsselqualifikationen für künftige Führungskräfte in Wirtschaft, Technik, Wissenschaft, Verwaltung und akademischen Service-Berufen sind. Wir leben in einer komplizierten Welt mit Technologien, bei denen Oberflächlichkeit, Schlamperei und Konzentrationsmängel gefährliche Folgen haben können. Wir leben in einem rohstoffarmen Land, in dem Humankapital in Form von Spitzenleistungen in allen Bereichen der Wissenschaft dringend erforderlich ist, um im Zeitalter der Globalisierung nicht abgehängt zu werden. Wir leben in einer Zeit so gewaltiger Umwälzungen, daß wir alles daran setzen sollten, bei der heranwachsenden neuen Generation problemlösendes und strategisches Denken, Abwägen von Alternativen, Kreativität und Frustrationstoleranz auch angesichts größter Herausforderungen zu trainieren. Wenn diese Initiative nicht von der Schule ausgeht, von wo dann? Wir können uns natürlich auch von der famosen Welt der elektronischen Medien ganz fest ans Händchen nehmen lassen und uns, mit Neill Postman zu sprechen, zu Tode amüsieren. Bequemer wär's gewiß.

Wir können aber auch daran arbeiten, der vorbeirauschenden Welt der Bilder und der virtuell-folgenlosen Erfahrung des Mausclicks etwas Solides entgegenzustellen: Training und Ausbau geistiger und kreativer Kapazitäten. Dabei eine Art Alleinvertretungsanspruch für das Lateinische zu reklamieren, wäre schlicht lächerlich. Natürlich gibt es andere Disziplinen, die das ebenso oder in anderer Weise leisten können. Im Bereich der Sprachen allerdings bietet sich das Lateinische aufgrund seiner Struktur am meisten dafür an, die dargelegten Kompetenzen und Qualifikationen einzuüben. Daß sie auf andere Gegenstände übertragbar sind, läßt sich nicht eindeutig nachweisen. Die ungeklärte Transfer-Problematik gilt freilich ebenso für andere Bereiche, in denen jeweils spezifische Fachkompetenzen vermittelt werden.

Erfahrung und Wahrscheinlichkeit sprechen indes dafür, daß die Tugenden, die im Umgang mit dem Lerngegenstand Latein geschult werden, durchaus allgemeine Bildungskraft entfalten und Prägungen hinterlassen. Wer sich einige Jahre lang auf diesem »Trimm-Pfad des Geistes« (M. Fuhrmann) abgestrampelt hat, dürfte auf diese Fitness zurückgreifen können, wenn er sie in anderen Lebenssituationen benötigt. Da unsere Gesellschaft eine große Zahl an qualifizierten Absolventen dieses Trimm-Pfades braucht, darf man das Schulfach Latein getrost als positiven Standortfaktor unseres Landes bezeichnen.

Latein ist sozusagen eine gesellschaftliche Investition in Grundlagen-Qualifikationen, deren Transferierbarkeit auf andere Bereiche plausibel unterstellt werden darf. *Das* ist die Antwort auf die immer wieder gestellte Frage nach dem gesellschaftlichen Nutzen einer Disziplin, die keinen *unmittelbaren* Beitrag zur Produktions- und Arbeitswelt leistet. Wissen und Fähigkeiten, die man im Lateinunterricht erwirbt, lassen sich nicht so direkt und gezielt nutzen wie etwa die sprachliche Kompetenz, die aus neusprachlichem Unterricht erwächst, oder die naturwissenschaftliche Kenntnis, die Physik, Chemie und Biologie vermitteln. Wohl aber verspricht die Beschäftigung mit einer vergleichsweise sperrigen, fordernden Materie eine Basis-Schulung von Haltungen und Dispositionen, die in einer komplexen, anspruchsvollen und leistungsorientierten Welt auch zur »Zukunftsfähigkeit« des Standorts Deutschland beitragen. Je mehr wir uns dagegen mit einer »Oder-so-Mentalität« abfinden, um so weniger dürften wir diesen Herausforderungen gewachsen sein.

Odysseus und die Sirenen heute – Zur emanzipatorischen Kraft des Lateinischen

Was Bildung ist, läßt sich jedoch nicht nur nach den Interessen der Allgemeinheit definieren. Sie dient auch und gerade der Entfaltung der Fähigkeiten des Individuums; sie soll den einzelnen Menschen gegen Bevormundung, Abhängigkeit und Vereinnahmung schützen. Diese persönlichkeitsbildende und –schützende Kraft kommt jenen Einstellungen immer stärker zu, die durch den Latein-»Umgang« gefördert werden. Denn die Verführungstendenzen zur Oberflächlichkeit, Flüchtigkeit und Konsum-Mentalität sind eher noch auf dem Vormarsch. Wer nicht in dem feingesponnenen Netz verlokkender moderner Sirenen zappeln will, die neben den traditionellen akustischen Stimuli über eine Vielzahl ungleich wirkungsvollerer visueller Verführungskünste verfügen, muß sich durch geistige Autonomie und Selbstdisziplin wappnen. Latein ist, pointiert formuliert, einer der Mastbäume, an den sich der moderne Odysseus fesseln lassen kann, um den Lockrufen dieser Sirenen zu widerstehen.

Die Diskussion um die sogenannten Sekundärtugenden erscheint deshalb besonders verheerend, weil sie unberücksichtigt läßt, welche Leistungen davon für die Stabilität und geistige Selbständigkeit des Individuums ausgehen. Gründlichkeit, Genauigkeit, Beharrlichkeit, Konzentrationsfähigkeit, Unterscheidungsvermögen und Analysefähigkeit – sind das Eigenschaften, die die Werbung an Konsumenten schätzt? Sind das Einstellungen, die von den elektronischen Medien gefördert werden? Sind das Haltungen, die von extremen politischen und religiösen Heilsbringern gleich welcher Couleur favorisiert werden? Oder sind das nicht – gerade angesichts der zunehmenden Verlockungen des Einlullens – Stützen für die Mündigkeit und Selbstbestimmung des einzelnen Menschen?

Latein – das ist darüber hinaus ein Stück Unangepaßtheit und Unzeitgemäßheit; etwas, das weder dem Produktionsprozeß noch dem Konsum unmittelbar verfügbar ist. Es ist eher ein Stachel im Fleisch der von mancherlei Kräften angestrebten Reibungslosigkeit. Gerade weil wir in einer so komplizierten Welt leben, steht die Mündigkeit des Inviduums immer stärker auf dem Spiel. Latein und die von ihm geförderten Haltungen tragen so gesehen zur Emanzipation des einzelnen bei. Wer den Leistungsanspruch und die überfachlichen persönlichkeitsbildenden Vorteilsdimensionen der Materie als Repression diffamiert, ist sich der entmündigenden und entpolitisierenden Strukturen unserer Gesellschaft vielleicht zu wenig bewußt. Latein ist Teil des bildungspolitisch bitter notwendigen Anti-Stromlinien-Programms.

4. »Blöde Grammatik?« – Vom Vorteil, ein sprachliches System zu durchschauen

»Tote Sprache!« – ein klassisches Totschlag-Argument

Wer eine Diskussion so richtig schön abrupt abbrechen oder gleich im Keim ersticken will, bedient sich gern eines sogenannten Totschlagarguments. Darunter versteht man einen »Gesprächs«-Beitrag, der so grundsätzlich, so radikal oder so abgrundtief skeptisch ist, daß die (unausgesprochene) Basis des Gedankenaustausches schlicht wegbricht. Keiner hat mehr Lust oder wagt es noch, das Gespräch weiterzuführen: Die Diskussion ist tot.

Das beliebteste Totschlagargument bei der Frage »Wozu Latein?« verknüpft auf geradezu geniale Weise die Funktion mit dem Inhalt des Arguments. Es heißt: »Latein ist doch eine tote Sprache!« Womit denn alles gesagt wäre: »tot« – das weckt unangenehme Assoziationen, daran denkt man besser nicht, das verdrängt man lieber. »Tot« – das heißt auch »unnütz«, »funktionslos«, »nicht verfügbar«. Man riecht es förmlich: Da vermodert, verwest etwas – und davon läßt man die Finger. Latein – das ist Bildungsfriedhof.

Wo paßte die satirische lateinische Grabinschrift besser als fürs Lateinische selbst: *iacet, tacet, placet* (liegt da, schweigt und gefällt)? Ruhe seinem Staub!

Es ist schon erstaunlich, welche Wirkung wir auf den *ausdrücklichen* Hinweis darauf zeigen, daß etwas »tot« sei. Und wie wenig wir uns klar machen, mit wie vielen »toten« Dingen wir tatsächlich in unserem dynamischen, vor Leben sprudelnden Dasein umgeben sind, aus wieviel »totem« Material wir Lebensqualität beziehen. Wer hätte je behauptet, daß es sich bei der Waschmaschine um ein quicklebendiges Gerät handelt? Wer bestritte, daß das Auto an sich ein totes Ding ist, dessen Nutzen wir »lediglich« aus seinem Gebrauch oder durch seine bloße Zurschaustellung als Statussymbol definieren? Das »Tote« der Sache selbst ist demnach an sich kein Kriterium dafür, ob etwas als sinnvoll oder nützlich angesehen wird. Es kommt offensichtlich auf den Umgang, die Handhabung, die Art und Weise des Einsatzes an, die uns das »Tote« sehr lebendig erscheinen lassen.

Wenn das Argument »tote Sprache« freundlicher daher kommt, lenkt es den Blick nur auf die Tatsache, daß sich das Lateinische nicht mehr fortentwickelt. Latein ist keine Muttersprache mehr. Und daran würde sich auch nichts ändern, wenn im einzigen Staat, in dem Latein noch Amtssprache ist, Ungeheures geschähe: Auch die Aufhebung des Zölibats ließe im Vatikanstaat keine neuen *native speakers* entstehen. Kein Zweifel: Im Unterschied zu den »lebenden« Sprachen, die sich in ihrem Vokabular, ihrem Formenbestand, ihrer Stilistik, Idiomatik und Grammatik mehr oder weniger rasch verändern, *ist* Latein eine tote Sprache. Gerade das läßt sich aber auch als Vorteil nutzen.

Analyse grammatischer Strukturen – eine Domäne der »Reflexionssprache« Latein

Wenn dem Lateinischen die Muttersprachler abhanden gekommen sind und es als internationale Wissenschaftssprache vom Englischen abgelöst worden ist, dann besteht kein zwingender sachlicher Grund mehr, es aktiv beherrschen und sich in ihm mündlich verständigen zu müssen. Anders die modernen Fremdsprachen: Sie helfen mir in einem ganz praktischen Sinne, mich gegenüber Muttersprachlern verständlich zu machen. Ihre Mitteilungsfunktion ist offensichtlich, und deshalb wird ein hoher Anteil der Lernarbeit darauf verwendet, sie flüssig und richtig sprechen zu können und das Hörverstehen zu trainieren. Im Didaktiker-Jargon ausgedrückt, heißt das: Moderne Fremdsprachen zielen auf Performanz (»Durchführung«, »Realisierung«) ab. Folgerichtig findet der Unterricht im Englischen und Französischen, Spanischen und Italienischen denn auch ab der ersten Stunde grundsätzlich in der Zielsprache statt. Phasen, in denen Deutsch gesprochen wird, haben Ausnahme-Charakter.

Anders im Lateinischen. Da ist die Unterrichtssprache Deutsch. Unterrichtsgegenstand sind fertige lateinische Texte, die dem Lernenden in der Regel schriftlich vorliegen. Seine Aufgabe ist es nun, diese für ihn auf den ersten Blick verschlüsselten »Botschaften« zu entschlüsseln. Da ein intuitives, spontanes Verstehen – natürlich auch *aufgrund* des anderen Lernzugangs – meist nicht zum Ziel führt, muß die sprachliche Äußerung zunächst sorgfältig analysiert werden, bevor sie verständlich wird.

Dieser ganz andere Zugriff auf Sprache ist seit eh und je eine Domäne des Altsprachlichen Unterrichts. Weil man bei dieser Tätigkeit unwillkürlich über Sprache sprechen, z. B. Satzteile benennen und Formen bestimmen muß, liegt ein deutlicher Schwerpunkt dieser Art von Sprachbetrachtung auf der Grammatik. Ich muß gewissermaßen häufiger Rechenschaft über grammatische Fragen ablegen als beim neusprachlichen Unterricht. Es werden keine sprachlichen *patterns* (»Muster«) intensiv gelernt und möglichst unbewußt reproduziert – was wäre das für ein erbärmliches Stottern, wenn man die sprachliche Form seiner englischen Sätze hellwach »hinterfragen« würde, bevor man sie ausspricht! – ; im Lateinischen geht es im Gegenteil darum, sich die sprachlichen Strukturen *bewußt* zu machen. Wegen dieses höheren Aufwandes an Analyse spricht man in Bezug auf das Lateinische von einer »Reflexionssprache«.

Englisch und andere moderne Fremdsprachen einerseits sowie Latein andererseits sind daher in einem überlegten Bildungskonzept überhaupt keine Konkurrenten. Mit ihren unterschiedlichen Herangehensweisen an Sprache (»Typus-Varianz«) tragen sie in bestimmter Weise sogar zu einer Lernökonomie bei: Arbeitsteilung nennt man das gewöhnlich.

Wir haben bisher unterstellt, daß es überhaupt Sinn macht, sich mit Grammatik zu beschäftigen. Läßt sich eine Sprache aber nicht auch ohne grammatische Kenntnisse, ohne Wissen um die Regelhaftigkeit ihrer Erscheinungen lernen? Natürlich ist das möglich. Zahllose Menschen, die durch freiwillige oder erzwungene Emigration in einem anderen Sprachraum gleichsam ins kalte Wasser des Sprachelernens geworfen worden sind, haben sich die fremde Sprache angeeignet – ohne Lehrer, ohne Lehrbuch, ohne Wissen um Regeln. Um eine Sprache richtig sprechen zu können, *muß* man ihre »Gesetzmäßigkeiten« und Ordnungsraster nicht durchschauen – das beweist schon der Blick auf das Erlernen der Muttersprache.

Dem »Geheimnis« der Sprache auf der Spur

Andererseits ist die Sprache das wichtigste Kommunikationsmittel unter den Menschen. Sie ist überdies etwas dem Menschen Spezifisches. Er kann sich mittels sprachlicher Artikulation viel differenzierter, nuancierter ausdrücken als alle anderen Lebewesen. Diese Tatsache wird durch andere Kommunikationsformen wie etwa die Körpersprache nicht außer Kraft gesetzt. Daß Denken, Bewußtsein und Sprache eng aufeinander bezogen sind, bedarf keines Nachweises mehr.

Wenn Sprache diese grundlegende Bedeutung hat, liegt es nahe, ihrem »Geheimnis« auf die Spur kommen zu wollen. Oder wenigstens einen Blick hinter die Kulissen zu werfen, sich nicht nur mit ihrer Anwendung zufrieden zu geben, sondern eine gewisse Einsicht in das sprachliche System zu bekommen: Wie funktioniert Sprache? Wie wird ein Gedanke in eine sprachliche Äußerung »umgebaut«? Wie werden Wörter miteinander verknüpft? Warum hält die Sprache unterschiedliche Ausdrucksweisen für ein und denselben Sachverhalt bereit?

Wir begnügen uns weder in den Naturwissenschaften noch in den Sozialwissenschaften damit, Tatbestände festzustellen, sondern fragen ganz selbstverständlich nach den Gründen. Erst durch den Beweis kommt Licht in einen mathematischen Lehrsatz, erst die Analyse und Inbeziehungsetzung »toter« Zahlen erhellt eine soziologische Statistik. Das leuchtet jedem ein. Sollte dagegen ausgerechnet die Sprache eine Ausnahme bilden, indem es ausreichte, sie »einfach so«, unreflektiert, zu handhaben? Zumal sie erheblich mehr ist als ein bloßes Instrument?!

Studienobjekt lateinische Grammatik – eine überraschende Erkenntnisquelle auch für die Muttersprache

Die Grammatik ist nun gewissermaßen das Rückgrat der Sprache. Mit ihrer Hilfe gewinnt das Gemeinte die notwendige sprachliche

Struktur. Sie ordnet die lexikalischen Bausteine nach bestimmten Regeln; auf der Ebene des einzelnen Wortes ebenso wie hinsichtlich der Verknüpfung der Wörter zu einem Teil- oder einem ganzen Satz. Wer die Grammatik einer Sprache durchschaut, kennt ihren Ordnungsrahmen. Er gewinnt Einblick in ein System – was erwiesenermaßen einen hohen Transferwert nicht nur im Hinblick auf andere sprachliche Systeme, sondern allgemein für die Schulung systematischen Denkens hat.

Das Lateinische ist aufgrund seiner sprachlichen Struktur ein besonders geeignetes Studienobjekt. Der oft verfluchte Formenreichtum – er wird erträglicher und reduziert sich gewaltig, wenn man das Prinzip erkannt hat. Das Baukastenprinzip z. B. bei den Verbformen: Sie werden im allgemeinen sehr klar nach dem Muster Verbstamm + Tempus-/Moduszeichen + Personalendung gebildet – ein synthetisches Verfahren, dessen Logik man schnell durchschaut. Und diese Art der Regelfindung garantiert geistige Erfolgserlebnisse!

Natürlich lassen sich solche Beobachtungen auch in anderen Sprachen anstellen; auch in der eigenen Muttersprache. Es gibt aber einen beträchtlichen Vorteil, solche Entdeckungen in einem fremden sprachlichen Medium zu machen. Der ergibt sich aus dessen partieller Andersartigkeit. »Ich hatte gespielt« heißt auf englisch *I had played* – gleiche Struktur, kein »Stolperstein«, aber auch keine Chance, sich der spezifischen Formenbildung der *eigenen* Sprache bewußt zu werden. Anders, wenn man es mit dem lateinischen *lus-era-m* kontrastiert. Das Personalpronomen »ich« fehlt; sein Äquivalent ist das *-m*, die »Personalendung«. Das erscheint auf den ersten Blick fremd und kompliziert, aber es ist auch ganz reizvoll. Ich erkenne erstens, daß »es« auch anders geht; und ich werde mir zweitens – vermutlich zum ersten Mal – darüber klar, wie meine Muttersprache Verbformen bildet.

A nice girl-friend, a nice present, a nice fellow: richtig nett präsentiert sich das Englisch hier seinen Lernern. So läßt man sich die Beugung des Adjektivs gefallen! Sie findet sozusagen nicht statt. Alles ist *nice*: ob Femininum, ob Neutrum, ob Maskulinum. Und da es so einfach ist, braucht der Unterschied zum Deutschen gar nicht reflektiert zu werden. Daß das Deutsche mit seinen unterschiedlichen Deklinationsendungen für Adjektive (eine nett*e* Freundin; ein nett*es* Geschenk; ein nett*er* Kerl) hier dem Lateinischen näher steht, kommt den meisten erst zu Bewußtsein, wenn es zu unterscheiden gilt zwischen *amica bella, donum bellum* und *homo bellus* (was, nebenbei bemerkt, für römische Ohren einen negativen Beiklang hatte). Praktischer Nutzeffekt neben dem theoretischen Erkenntnisgewinn: Eine gute Vorbereitung auf das Lernen romanischer Sprachen: Da wird nämlich auch z. B. zwischen einem *Beau* (Maskulinum) und einer *Belle* (Femininum) unterschieden …

Grammatische Strukturen und logisches Denken

Wenden wir uns kurz dem Maskulinum noch einmal zu: *homo bellus*. Wo bleiben da die gleichen Endungen wie bei *amica bella* und *donum bellum* ? Wo bleibt da die vielgepriesene »Logik« der lateinischen Sprache? Es gibt sie nicht, *diese* Art von Logik – wie man überhaupt keine historisch gewachsene Sprache als logisch im mathematischen Sinne ansehen kann. Wohl aber gibt es eine strenge Gesetzmäßigkeit, die besagt: Adjektive richten sich grammatisch nach ihrem »Beziehungswort«. Sie erläutern »ihr« Substantiv zwar näher, grammatisch aber sind sie unselbständig: Im Kasus (Fall), Numerus (Einzahl/Mehrzahl) und Genus (Geschlecht) richten sie sich nach ihrem jeweiligen »Herrn« – die sog. *KöNiGs*-Regel. In *einer* Hinsicht aber sperren sie sich gegen diese grammatische Bevormundung: Nach welcher Deklination sie gebeugt werden, *das* entscheiden sie selbst. Jedes Adjektiv gehört einer bestimmten Deklination an; und wenn »sein« Substantiv einer anderen angehört, dann geht man eben hinsichtlich der Endungen verschiedene Wege.

Die Zusammengehörigkeit entdeckt man – und jetzt kommt die Logik wieder ins Spiel, und zwar die logischen Fähigkeiten des Hörers oder Lesers – dadurch, daß man zwei Formen identifiziert, die im selben Kasus, im selben Numerus und im selben Genus stehen. Aufgrund der freieren Wortstellung im Lateinischen müssen Adjektiv und Substantiv nicht unbedingt nebeneinander stehen. Sie können auch durch eine andere Wortgruppe getrennt sein: Um so wichtiger ist es, die Beziehung durch eine genaue Analyse der Endungen »herauszubekommen«. Der Aufweis grammatischer Beziehungen – das wird im Lateinischen ständig trainiert, und dieses Training schult das logische Denken.

Damit darf es freilich nicht sein Bewenden haben. »Konstruieren« ersetzt nicht die Verpflichtung, sich über den *Sinn* einer Aussage Gedanken zu machen. Nicht alles, was grammatisch »geht«, paßt vom Inhalt her – da trainiert mancher Lateinunterricht die Schüler auch heute noch zu einseitig.

Grammatische Analyse und Erarbeitung eines inhaltlichen Verständnisses gehen bei der Entschlüsselung lateinischer Texte Hand in Hand. Wer das Lateinische aufgrund seiner vielgerühmten Klarheit und »Rationalität« als eine Art Sprach-Mathematik auffaßt, bei der das Erfassen grammatischer Strukturen der Passepartout für das Textverständnis ist, irrt; und zwar gewaltig. Knappheit, lapidare Kürze und stilistische Prägnanz *sind* eine Eigenart des Lateinischen. Sie werden aber auch durch allerlei Mehrdeutigkeiten »erkauft«. So ist eine Reihe von Deklinationsausgängen mehrdeutig (-*ae* bezeichnet bei der a-Deklination den Genitiv und Dativ Singular sowie den Nominativ Plural), ist das berühmte *cum* sowohl Präposition (»mit«) als auch Konjunktion (mit sehr unterschiedlichen Bedeutungen von »da« über »als« bis zu »obwohl«) und bringt die Vorliebe des Lateiners für Partizipien zwar Worterspanis, aber auch mehr als nur grammatische Denkarbeit mit sich.

Lerngarantie für grammatische Begrifflichkeit – oder: Latein als *service provider* für das Internet Sprache

Beschäftigung mit Grammatik – das heißt auch: Begriffe lernen und beherrschen, die grammatische Gegebenheiten und sprachliche Strukturen beschreiben. Nominativ und Akkusativ, Adverb und Prädikat, Modus und Plusquamperfekt, Finalsatz und Pronomen, um nur ein paar Beispiele zu nennen.

Eine Selbstverständlichkeit für jeden, der 9 bis 10 Jahre lang (mindestens) das Pflichtfach Deutsch hatte und weitere 5 bis 6 Jahre die Fremdsprache Englisch? Man sollte es meinen – erst recht, wenn jemand mit dem Abitur 12 oder 13 Schuljahre voll gemacht hat. Trotzdem wird man oft genug in – auch germanistischen – Universitätsseminaren eines Besseren (oder doch wohl eher eines Schlechteren) belehrt. Daß das nicht so sein sollte, verkünden vollmundig alle möglichen Lehrpläne. Daß es so *ist*, erweist die Realität.

Wie kommt es zu diesem Mangel an Basiswissen? Unter Deutschlehrern besteht eben *kein* Konsens mehr darüber, daß solche terminologischen Hilfsmittel zur Sprachbeschreibung Pflichtstoff sein sollten. Das klingt polemisch, ist aber lediglich eine nüchterne Beschreibung der Wirklichkeit. Offen gesagt wird so etwas ganz selten; man nimmt es achselzuckend in Kauf.

Der Englisch- und Französisch-Unterricht kommen nicht völlig ohne die grammatische Begrifflichkeit aus. Sie sind aber – mit Recht – weit davon entfernt, sie systematisch einzuführen und durch ständigen Gebrauch einzuüben und verfügbar zu halten. Anders der Lateinunterricht: Auch wenn Übersetzen beileibe nicht immer »konstruieren« heißt, müssen sich die an der gemeinsamen sprachlichen Erarbeitung eines lateinischen Textes Beteiligten jederzeit knapp und klar über Wortarten, Satzteile usw. verständigen können. Wo ist das Prädikat? Welcher Numerus liegt vor? Wozu gehört das Attribut? Fragen wie diese gehören zur Normalität jedes Lateinunterrichts – ohne daß diese Form des Unterrichtsgesprächs zum *Schwerpunkt* aufgewertet werden dürfte.

Was hier trainiert wird, ist die ganz selbstverständliche Handhabung von Begriffen, die Sprache beschreiben. Im Didaktiker-Jargon heißt das: der Aufbau einer metasprachlichen Kompetenz. Man kann das schlicht übersetzen mit Handwerkszeug, das nötig ist, um sprachliche Sachverhalte zu benennen. Ein Handwerkszeug, das ja nicht auf eine einzelne Sprache beschränkt ist, sondern bei jedem Erlernen einer neuen Sprache gute Dienste tut. Diese »Beschreibungssprache für Sprache« wird im Lateinunterricht am konsequentesten und intensivsten erlernt und eingeübt – das räumen selbst Latein-Skeptiker unumwunden ein. Die »Reflexionssprache« Latein versteht sich hier im Sinne der eingangs beschriebenen Aufgabenteilung als Dienstleister für alle anderen Sprachen. Modisch-griffig formuliert: als *service provider* für den Zugang zum Intra- und Internet Sprache.

»Sprechende« grammatische Begriffe

Zugegeben: Besonders spannend ist es meistens nicht, sich systematisch Begriffe anzueignen. Allerdings bringt das Erlernen der Com-

puter-Fachsprache an sich auch nur höchst bescheidenen Lustge-
winn mit sich. Die vermeintliche Trockenheit des grammatischen
Lernstoffes verschwindet indes, wenn man die Termini nicht als reine, »nichtssagende« Vokabeln lernt, sondern gleichzeitig Einblick in
ihre Bedeutung erhält. Solche »sprechenden« Begriffe lassen sich
überdies auch besser behalten.

Nehmen wir das »Partizip«. Warum dieser Begriff? Das lateinische *particeps* heißt »Anteil habend an«. Und diese Wortart hat ja
tatsächlich sozusagen Anteil an zwei anderen Wortarten: Einmal ist
es eine Verb-Form; darauf weisen sein Stamm hin und seine Fähigkeit, z. B. ein Akkusativ-Objekt bei sich zu haben. Zum anderen hat
es »Anteil« am Adjektiv-Charakter. Es wird so dekliniert und läßt
sich z. B. als Attribut verwenden. Der deutsche Begriff »Mittelwort«
ist genauso anschaulich: Das Partizip steht in der Mitte zwischen
Verb und Adjektiv!

Manchmal erscheint der deutsche Begriff plastischer als der lateinische Terminus. So etwa bei der »Präposition«. Der Begriff beschreibt die Stellung dieser Wortart: an, bei, unter werden *vor* ein
Substantiv *gestellt* (*praepositus*, »vorangestellt«). Nicht falsch, aber
wenig aussagekräftig. Anders das deutsche »Verhältniswort«. Es beschreibt, daß mittels einer Präposition mindestens zwei Dinge oder
Personen in ein bestimmtes Verhältnis zueinander gestellt werden:
ein Orts-Verhältnis wie bei »unter«; ein Zeit-Verhältnis wie bei
»nach«; ein logisches Verhältnis wie bei »wegen« oder ein Gegen-
grund-Verhältnis wie bei »trotz«.

Andere »sprechende« Begriffe sind »Infinitiv«, »unbegrenzt«;
d. h. die Verbform ist nicht auf eine bestimmte Person eingegrenzt
wie bei »finiten« (»begrenzten«) Verbformen – »gehen« im Unterschied zu »ich gehe«. Der »Modus« – das ist die »Art und Weise«
einer Aussage: Es macht schon einen Unterschied, ob ich etwas
feststelle (Indikativ als Modus des Tatsächlichen), etwas anordne
(Imperativ als Modus des Befehls) oder etwas als unwirklich kenn-
zeichne (Konjunktiv als Modus des Nicht-Tatsächlichen) – »ich
laufe«; »lauf!«; »ich wäre gelaufen« sind unterschiedliche »Arten«,
die Gültigkeit der Aussage vom »Laufen« zu bestimmen.

Die Liste sinnvoller Nachdenk-Anlässe am Beispiel grammatischer Begriffe ließe sich unschwer verlängern. Was nicht heißt, daß
alle Termini entsprechenden Einsichts-Zuwachs verheißen. Wo es

aber möglich ist, liegen auch hier Chancen für Sprachreflexion, die auch im Urteil von Schülern »etwas bringt«. Klar, denn durch solche Bewußtmachung wird Frust vermieden. Der kommt schließlich vom lateinischen *frustra*, »vergeblich«. Und bei dieser Art, in Grammatik und grammatische Begriffe Einblick zu nehmen, lernen sich die so mit Sinn gefüllten Termini erstens leichter, und zweitens kann man dabei auch die schon gelernten lateinischen Vokabeln anwenden. Einsicht, Veranschaulichung und Nutzanwendung sind die besten Anti-Frust-Rezepte.

5. Chancengleichheit durch Latein – Wie Übersetzen für die eigene Muttersprache fit macht

Wenn Hähne plötzlich singen ...

Schulunterricht bei den Römern begann früh am Morgen – teilweise so zeitig, daß die Nachbarn im Falle des weitverbreiteten Typus »Open-air-Schule« am Rande des Marktplatzes oder in einer Säulenhalle durch die Stentorstimme der Lehrers und das monotone Herunterleiern des Lernstoffes durch die Schüler aus dem Schlaf gerissen wurden. Die Schüler waren indes noch ärmer daran: Für sie war die Nacht häufig schon im Morgengrauen zu Ende. Und da es noch keinen Wecker gab, mußten sich viele auf natürliche Weck-Geräusche verlassen.

Der Einstieg in eine Lehrbuch-Lektion zum römischen Schulwesen in den ersten Wochen des Latein-Lernens könnte somit heißen: *gallus cantat*. *gallus* ist »der Hahn«, und *cantare* hat man ein, zwei Lektionen früher als »singen« gelernt – so steht's schwarz auf weiß im Vokabel-Verzeichnis. Kein Problem also, das Sätzchen ins Deutsche zu übertragen. Ein Schüler übersetzt: »Der Hahn singt«.

Man kann jetzt nur hoffen, daß möglichst viele andere Schüler zur Korrektur aufzeigen oder wenigstens der Lehrer feststellt: »Falsch!«

Falsch? Wieso denn das? *gallus* heißt doch »der Hahn«, und *cantare* heißt doch »singen«! Wie kann da das Übersetzungsprodukt als falsch beurteilt werden?

Allmählich sollte der Empörung die Einsicht folgen, daß »trotzdem« etwas nicht stimmt. Denn wer hätte je im Deutschen einen Hahn »singen« hören? Ein »deutscher« Hahn kräht; und deshalb kann die richtige Übersetzung nur lauten: »Ein Hahn kräht«.

An solch einem schlichten Beispiel kann – und sollte – man Schülern gleich zu Beginn ihres Lateinunterrichts aufzeigen, was

Übersetzen nicht heißt: Es reicht nicht, auswendig gelernte Vokabel-»Gleichungen« wie bei einer Mathematik-Aufgabe einfach zu addieren im Vertrauen darauf, daß das Gesamte sich aus der Zusammenstellung der Einzelelemente ergebe. Nur wenn dieses blinde Vertrauen in die Quasi-Logik eines semantischen Additions-Baukastens frühzeitig erschüttert und wenn inakzeptable Produkte dieser Mentalität als falsch (und nicht nur als »unschön« oder ähnlich verharmlosend) bezeichnet werden, wird ein fachübergreifendes Lernziel des Lateinischen erreicht werden, das in diesem Kapitel erläutert werden soll: Durch das Übersetzen, die spezifische Methode des Altsprachlichen Unterrichts, verbessert sich die muttersprachliche Kompetenz der Latein-Schüler. Latein macht fit für Deutsch – diese These gilt es im folgenden zu illustrieren.

Kehren wir zurück zum »singenden Hahn«. Der Fehler ergibt sich offensichtlich aus der Lernvokabel *cantare* als »singen«. Die Beschränkung des Vokabulars auf »Grundbedeutungen« kann zu dem falschen Eindruck führen, es gebe eine Art 1:1-Entsprechung zwischen dem lateinischen und dem deutschen Wort (der sich natürlich noch verfestigt, wenn unseligerweise Gleichheitszeichen zwischen die beiden Wörter gesetzt werden). Tatsächlich aber hängt es vom jeweiligen Kontext ab, in welcher aktuellen Bedeutung ein Begriff gebraucht wird. Das *cantare* von Kindern ist eben etwas anderes als das *cantare* von Hähnen. Jedenfalls in der Zielsprache der Übersetzung. Was im Lateinischen geht (weil beide Artikulationen innerhalb des semantischen Spektrums »einen hellen, lauten Ton von sich geben« liegen), geht im Deutschen nicht. Übersetzen heißt: einen angemessenen zielsprachlichen Ausdruck für den übersetzten Begriff finden. Bloßes Lernen kann das Denken nicht ersetzen. Es gilt, dem Zusammenhang entsprechend zu differenzieren.

Im Unterschied zu den modernen Fremdsprachen, die weitgehend einsprachig verfahren und in denen das Übersetzen *aus* der Fremdsprache die absolute Ausnahme bildet, ist im Lateinunterricht das Übersetzen ins Deutsche gang und gäbe. Wenn es im gerade skizzierten Sinn richtig betrieben wird, birgt es ein überaus reiches Bildungspotential, mit der eigenen Muttersprache sorgfältig, umsichtig und nuanciert umzugehen – ein hoher spracherzieherischer Wert, der im Zeitalter einer Verödung der deutschen Sprache durch den Einfluß der Neuen Medien (s. dazu ausführlich Kap. 16) und der nach unten weisenden Tendenz im Leseverhalten Jugendlicher zusätzliche Bedeutung erhält.

Abbau milieubedingter Sprachbarrieren : Hilfestellung durch Latein

Solider Lateinunterricht kann eine kompensatorische Wirkung erzielen, d. h. er kann allgemeinen Trends der Verarmung und Verluderung der Sprache entgegenwirken. Und er kann auch spezifische Defizite abbauen helfen, die durch unterschiedliche Sozialmilieus der Schüler bedingt sind. Eines der – mit Verlaub – dämlichsten Pseudo-Argumente, die mitunter gegen den Lateinunterricht vorgebracht werden, ist der Vorwurf des Elitären: Das sei ein typisches Fach für Kinder aus der Oberschicht und oberen Mittelschicht – eine »bürgerliche« Disziplin, die »Arbeiterkinder« benachteilige. Wenn aber das muttersprachliche Ausdrucksvermögen systematisch über *angemessene* Übersetzungen trainiert wird, ist das genaue Gegenteil der Fall: Durch das Suchen nach passenden Begriffen und die angeregte Diskussion über Ausdrucksvarianten, die die Aussage des Textes möglichst pointiert wiedergeben, erweitert sich der deutsche Wortschatz der Latein-Schüler allmählich – und zwar um so mehr, je beschränkter er, bedingt durch ein entsprechendes Sozialmilieu, vorher war.

Das ist eine praktizierte und nicht nur vollmundig propagierte Form, Chancengleichheit zu fördern, die sicher auch bei Schülern ausländischer Nationalität zu bedenken ist. Wo im Elternhaus nicht Deutsch gesprochen wird, können Defizite in den Bereichen der Sprache entstehen, die nicht vom Alltagsdeutsch abgedeckt werden – also stellt sich ein Lateinunterricht, der anspruchsvolles, differenziertes Deutsch in seinen sprachlichen Produkten anstrebt und einfordert (was sich so wohl nicht von allen Fächern behaupten läßt), gewissermaßen als permanentes Trainingslager zur Verfügung, um diese Defizite abzubauen.

Erweiterung des deutschen Sprachschatzes über Latein – Zwei Unterrichtsprotokolle

1. Beispiel aus einer Klasse 5: Erstmals kommt »discordia« vor. Bedeutung: »Zwietracht«. Ein Teil der Schüler hat das Wort noch nie gehört, ver-

steht es nicht. Erläuterung über das Lateinische: »dis-« *bedeutet* »auseinander«, »cor« *das* »Herz«; »dis-cordia« *ist also der Zustand, in dem* »die Herzen auseinander« *sind. Gegenteil* »con-cordia«: *Die* »Herzen« *schlagen* »zusammen«. »Eintracht« *ist bekannt,* »Zwie-tracht« *(als* »Zwei-Tracht« *geklärt) wird über* »dis-cordia« *zum anschaulichen, sprechenden Begriff. Anwendung und Vertiefung: Wo kommt* »Concordia« *im Deutschen vor? Kurzes Nachdenken – Fußballvereine heißen so. Abschlußfrage: Wie könnte sich der FC Bayern München umbenennen? Prompte Antwort: Discordia Bayern München. Protest der Bayern-Anhänger, aber* »discordia« »sitzt«.

2. Beispiel aus einer Klasse 7: Orpheus' junge Frau ist gestorben. Der unglückliche Sänger will nicht mehr weiterleben, er wartet auf den Tod. Deinde dolore tritus a superis auxilium petit; (doch) dann erfleht er, vom Schmerz tritus, Hilfe von den Göttern (fleht die Götter um Hilfe an). tritus: Partizip Perfekt von terere, gelernt als »reiben«, »aufbrauchen«. *Beide gelernten Bedeutungen passen nicht. Vorschläge:* »gebeugt«, »zerstört«, »überwältigt«. *Vorschlag des Lehrers:* »vom Schmerz zermürbt«. *Schüler lachen:* »Nie gehört! So spricht keiner! Den Ausdruck gibt es nicht!« *Lehrer versucht die Einwände zu entkräften. Schüler bleiben ablehnend. Schüler fragen Lehrerin der nächsten Stunde:* »Kennen Sie ›zermürben‹?« *Lehrerin bejaht:* »Ja sicher!« *Die Skepsis wird geringer. Trotzdem:* »Werden wir nie verwenden!« *Die Sache wird zum* »running gag« *der nächsten Stunden. Augenzwinkernder Höhepunkt: dolore tritus in der Klassenarbeit. Etwa die Hälfte der Schüler schreibt* »zermürbt«, *manche in Form kreativen Protests:* »zermürbt« *in großen Anführungszeichen. Gerade deshalb: Der Begriff ist im Wortspeicher!*

»Hallo, Papi!« –
Eine angemessene Übersetzung von *salve, pater* ?

Natürlich kostet das Suchen nach dem passenden Ausdruck Zeit und intellektuelle Anstrengung. Der bequemere Weg zum zielsprachlichen Produkt ist das nicht, aber der solidere, seriösere und befriedigendere. Kein Zweifel: Der Aufwand lohnt. Um das behauptete Bildungspotential zu illustrieren, soll diese Art der Übersetzung im folgenden an einem Beispiel konkret aufgezeigt werden.

Es handelt sich um eine ganze frühe – die dritte – Lektion des Lehrbuches Roma B, das für Latein als erste Fremdsprache konzipiert ist.

Pater villam intrat. Servus vocat: »*Ecce dominus!*« *Tum dominum salutat et narrat:* »*Familia te exspectat. Servae cenam iam portant. Subito filius et filia vocant:* »*Salve, pater!*«

»Der Vater betritt das Landhaus (nicht: die Villa). Ein Sklave ruft: ›Der Herr ist da!‹ oder: ›ist gekommen‹, nicht: ›sieh da!‹; so *ecce* als Lernvokabel). Daraufhin (nicht andere mögliche Bedeutungen wie: ›dann, da, damals‹) begrüßt er den Herrn und berichtet (teilt mit; nicht: erzählt, so die Lernvokabel; die Bedeutung wäre aber angesichts des hierarchischen Verhältnisses nicht passend, da zu vertraut): Deine Familie erwartet dich. Die Sklavinnen bereiten schon das Essen zu (nicht: bereiten die Mahlzeit vor, so die Lernvokabeln). Plötzlich rufen Sohn und Tochter: Hallo (Grüß dich; sei gegrüßt? – Diskussion des Problems: ›hallo‹ wäre heute üblich, aber es verstellt den Blick auf das viel strengere Eltern-Kinder-Verhältnis bei den Römern; ›sei gegrüßt‹: das entspricht nun gar nicht heutigem Sprachgebrauch; es klingt gestelzt, fremd. Die grundsätzliche Problematik von Übersetzung als Vermittlungsprozeß zwischen zwei Kulturen scheint hier schon auf), Vater!« (Vati? – nein, das entspräche nicht der »römischen« Distanz).

(…) Tum vilicus narrat: Servi campos arant et equos curant; servae villam et hortum curant (…). Sed Syrus curas creat. Dominus: »*Cur Syrus curas creat?*« *Causam vilicus ignorat:* »*Me vitat, servos vitat, servas vitat*«. *Dominus:* »*Fortasse vita urbana servum delectat*«.

»Daraufhin berichtet (nicht: erzählt; s. o.) der Gutsverwalter: Die Sklaven (nicht: Knechte; das löst falsche Assoziationen aus, wirkt verharmlosend) pflügen die Felder und versorgen die Pferde; die Sklavinnen kümmern sich um das Landhaus und den Garten (zweimal *curare*: im Deutschen aber zwei unterschiedliche Ausdrücke). Der Herr fragt (Prädikat muß im Deutschen ergänzt werden): Warum verursacht (nicht: erschafft, so die Lernvokabel) Syrus Sorgen? Der Verwalter kennt den Grund nicht: Er geht mir aus dem Weg (nicht: meidet mich, so die Lernvokabel); er geht den Sklaven und den Sklavinnen (besser: seinen Mitsklaven und –sklavinnen) aus dem Weg. Der Herr meint (wieder notwendige Füllung der Auslassung im Lateinischen): Vielleicht erfreut das Stadtleben den Sklaven (besser: macht ihm Spaß).«

Vielleicht ist gerade an diesem einfachen, für Fünftkläßler bestimmten Text deutlich geworden, welcher Anspruch sich mit dem Übersetzen verbindet – und wie sehr diese Form intensiver Auseinandersetzung mit dem Text eine stete Schulung des deutschen Ausdrucksvermögens mit sich bringt.

Übersetzen = Dekodieren + Rekodieren

Über solche konkreten Beispiele wird eher klar, worin der Unterschied zwischen Texterschließung und Übersetzung liegt. Jeder Übersetzung muß eine Texterschließung vorangehen, d. h. die genaue Analyse der grammatischen Strukturen und die Ermittlung der inhaltlichen Aussage (wobei sich diese gedanklichen Operationen gegenseitig stützen und miteinander verwoben sind). Diesen Vorgang bezeichnet man als Dekodierung: Man entschlüsselt den fremden Code und versteht dadurch die Aussage. Das Ergebnis dieses Prozesses muß nicht unbedingt versprachlicht werden. Die modernen Fremdsprachen setzen zumeist auf die Methode des verstehenden Lesens: Der Leser nimmt den Text auf und verarbeitet ihn »nur« gedanklich. Im Schulunterricht erweisen dann ein Gespräch über den Text oder gezielte Fragen des Lehrers, ob und inwieweit die Aussagen erfaßt worden sind.

Auch im Lateinunterricht läßt sich Textverständnis natürlich in ähnlichen Formen nachweisen: Inhaltsangabe, Interpretationsgespräch, Aufweis des Gedankengangs können Textverständnis dokumentieren. Das übliche Mittel dazu ist und bleibt aber die Übersetzung – wie auch neuere Lehrpläne betonen. Mit Recht. Denn erstens steckt der Teufel auch hier im Detail, und zwar vor allem im grammatischen Detail: Ob die grammatische Struktur wirklich richtig verstanden, ob Tempus und Numerus exakt ermittelt und die genaue Beziehung verschiedener Verstehenselemente zueinander erfaßt worden sind, zeigt häufig erst die Übersetzung.

Zweitens könnte Lateinunterricht bei einem zu großzügigen Verzicht auf Übersetzungen eben das nicht einlösen, wovon in diesem Kapitel die Rede ist: Die Schulung der muttersprachlichen Kompetenz ist ja wesentlich von dem Bemühen abhängig, den entschlüsselten Text prägnant und angemessen in einen neuen Code zu überführen. Das ist, wenn die Texterschließung erfolgt ist, eine neue Phase, die andere Qualifikationen fordert und fördert: Man muß die Aussage nicht nur verstanden haben, sondern soll sie wieder versprachlichen. »Rekodierung« heißt das in der Sprache der Didaktik. Und erst in diesem Teil des Kommunikationsprozesses liegen die Transfer-Leistungen des Faches Latein für das Deutsche.

Noch einmal das Anfangsbeispiel *gallus cantat*: Wer die Bedeutung beider Wörter kennt, versteht die Aussage problemlos. Er weiß selbstverständlich, wovon die Rede ist. Den »Sing-Fehler« macht er erst, wenn er die Aussage in den neuen Code Deutsch überführt – weil er nicht nach dem kontextuell angemessenen Begriff sucht, sondern schematisch Wort für Wort nebeneinander stellt und eine Kombination schafft, die *dieser* Code nicht akzeptiert.

Bewältigung sprachlicher Sollbruchstellen – Kontraste beflügeln übersetzerische Fähigkeiten

Wir sind bisher auf der Wortebene geblieben. Dort ist es schon anspruchsvoll genug, stets über ein passendes Äquivalent nachzudenken – und sich nicht von der bequemen »Grundbedeutung« verführen zu lassen. Noch komplizierter wird es auf der Satzebene – vor allem dort, wo die grammatischen Strukturen der beiden Sprachen auseinandergehen. Gerade Schüler kommen da mitunter in ein Dilemma: Wie nah sollen sie an der lateinischen Struktur bleiben, wie »frei« dürfen sie davon abweichen? Dahinter verbirgt sich häufig die Sorge, eine freie Übersetzung könne als Fehler gewertet werden.

Nun mag zwar ein »Grund-Mißtrauen« seitens der Lehrer erfahrungsgemäß angebracht sein, ob denn die lateinische Struktur *bewußt* verändert worden ist. Andrerseits darf doch dieses Mißtrauen nicht zur Tolerierung offensichtlicher stilistischer Fehler oder gar zur Aufforderung führen, das Kriterium der Sprachrichtigkeit im Deutschen geringzuschätzen. Wer darauf besteht, daß *dolore afficere aliquem* zu übersetzen sei als »jemanden mit Schmerz versehen« – damit ja die lateinische Konstruktion »erhalten« bleibe (was eh Unsinn ist, da es im Deutschen keinen Ablativ gibt) –, kann das Argument, Übersetzen schule die muttersprachliche Kompetenz, nicht glaubwürdig in der Öffentlichkeit vertreten. Eher trifft ja wohl bei diesem Übersetzungsverständnis das genaue Gegenteil zu. Da entsteht ein latinisiertes Deutsch, das künstlich und abschreckend wirkt. Man darf sich nicht wundern, wenn »Übersetzungen« dann zu Lachnummern geraten und der sprachpädagogische Anspruch des Lateinunterichts allenfalls noch milde belächelt wird.

Im übrigen läßt sich sehr darüber streiten, ob diese sogenannte wörtliche Wiedergabe der schwierigere Weg ist. In vielen Fällen ist es eher der bequemere, weil schablonenhafte. So etwa bei *te dolore afficio* : »Ich versehe dich mit Schmerz« – Akkusativ bleibt Akkusativ, und Ablativ bleibt (allerdings nur scheinbarer) Ablativ. Anders dagegen bei einer vernünftigen deutschen Wiedergabe: »Ich füge dir Schmerz zu« – der Akkusativ wird zum Dativ, der Ablativ zum Akkusativ. Es kommt zu einer Umformung der Strukturen zwischen Ausgangs- und Zielsprache, einem »Akt kategorialen Umdenkens« (K. H. Schmidt). Und das ist ein anstrengenderer, anspruchsvollerer gedanklicher Prozeß! Die Übersetzung ist hier zugleich eine strukturelle Um-Setzung. Es wird also nicht nur auf der semantischen (Bedeutungs-)Ebene Rekodierungs-Leistung erbracht, sondern zusätzlich noch auf der syntaktischen (Satzbau-)Ebene.

Übersetzen, das zeigen diese wenigen Beispiele, ist eine intensive Angelegenheit. Man muß zunächst im Lateinischen genau hinschauen und dann seine muttersprachlichen Fähigkeiten aktivieren. Daß man dabei Erkenntnisse über *beide* Sprachen gewinnt, ergibt sich aus der Notwendigkeit des ständigen Vergleichens. Mögen die Unterschiede vordergründig auch als ärgerlich wahrgenommen werden – sie sind gewissermaßen die Sollbruchstellen beim Übersetzungsvorgang, weil sie sich gegen eine stromlinienförmige Gleichschaltung sperren –, so liegt doch gerade in diesen sprachlichen Kontrasten ein hoher allgemeiner Erkenntniswert und ein enormes Schulungspotential in Sachen Sprachsensibilität.

Exemplarisch sei auf den unterschiedlichen Gebrauch der Vergangenheitstempora Imperfekt und Perfekt hingewiesen. Während das hochsprachliche Erzähltempus der Vergangenheit im Deutschen das Präteritum ist, ist es im Lateinischen das Perfekt. Deshalb *veni, vidi, vici* : »Ich kam, sah und siegte«. Gerüchte wollen wissen, daß es Lateinlehrer gibt, die darauf bestehen, daß ihre Schüler lateinisches Perfekt grundsätzlich mit deutschem Perfekt und lateinisches Imperfekt grundsätzlich mit deutschem Präteritum wiedergeben. Eigentlich kaum vorstellbar. Denn daß damit die muttersprachliche Kompetenz gefördert würde, läßt sich beim besten Willen nicht behaupten: »Ich bin gekommen, ich habe gesehen, und ich habe gesiegt« – das hört sich an, als ob der greise Caesar seinen Enkeln auf dem Abenteuer-Spielplatz Schwänke aus seiner Jugend erzählt.

Übersetzen als gelenkte Kreativität

Je anspruchsvoller die Texte in sprachlicher und inhaltlicher Hinsicht sind, um so schwerer ist es natürlich, eine Übersetzung anzufertigen, die allen gerade formulierten Ansprüchen genügt. Aus Sicht der Schüler *ist* es ja mitunter schon ein schöner Erfolg, überhaupt erst die Konstruktion eines lateinischen Satzes erkannt zu haben – und dann wartet da noch die anstrengende Semantisierungsarbeit, sprich: die Umsetzung des Verstandenen in angemessenes, möglichst nuanciertes Deutsch. Ist das nicht eine arge Überforderung?

Gewiß – wenn man erwartet, daß sich das alles in einem einzigen Schritt vollzieht. Tatsächlich aber kann das sprachliche Endprodukt in mehreren Arbeitsgängen hergestellt werden. Klar, daß dieser Weg häufig zunächst über Arbeitsübersetzungen führt, die die Einsichten der Texterschließungsphase noch etwas ungelenk versprachlichen. Ein Rohprodukt sozusagen, das es weiter zu veredeln gilt. Nicht zuletzt durch ein Interpretationsgespräch, in dem die Aussage des Textes allmählich herausgearbeitet und der einzelne Satz in einen größeren Zusammenhang eingebettet wird. Die so erzielten Ergebnisse werden in die Rohübersetzung eingearbeitet. Ein Begriff kann dadurch präziser gefaßt, ein Konjunktiv klarer verstanden und daher angemessener wiedergegeben, die Sinnrichtung eines Partizips eindeutiger bestimmt werden usw. Übersetzung und Interpretation sind viel weniger scharf voneinander zu scheiden, als es die übliche »Reihenfolge« suggeriert. Jede Übersetzung ist ja auch schon eine Interpretation. Die »mustergültige« Übersetzung kann daher eigentlich erst *nach* einer intensiven interpretatorischen Auseinandersetzung mit dem Text stehen.

Kreativität ist eines der – nicht nur pädagogischen – Zauberwörter unserer Zeit. »Freie« Textproduktion steht bei den modernen

Fremdsprachen und vor allem im Deutsch-Unterricht hoch im Kurs. Und das Lateinische? »Liegt mal wieder nicht im Trend!«, mag mancher denken. Dort schwört man aufs brave Nach-Übersetzen. Ist halt doch ein eher repressives Fach, verglichen mit dem kreativen Auslauf, den Schüler anderswo haben!

In Wirklichkeit ist Übersetzen natürlich eine kreative Tätigkeit. Es ist ja eben keine Reproduktion wie z. B. die Wiedergabe auswendig gelernter Jahreszahlen oder physikalischer Formeln. In der Phase der Recodierung wird ein neues sprachliches Produkt geschaffen, das keineswegs genormt ist. Es gibt nicht nur *die* richtige Übersetzung, es gibt mehrere »richtige« Übersetzungen – genauso, wie es nicht prinzipiell *die* richtige Interpretation gibt. In Wortwahl, Stilistik, Satzbau und Grammatik können sich Übersetzungen ein und derselben Vorlage unterscheiden.

Freilich handelt es sich um eine *geleitete* Kreativität. Die Vorlage gibt sozusagen die Marschrichtung an und legt einen Korridor fest, in dem sich sprachliche Kreativität, sprachliche Intuition und Phantasie entfalten können. Einer dieser Korridore ist das semantische Spektrum des einzelnen Begriffs, d. h. die Bandbreite seiner Bedeutung – wobei die freilich im Einzelfall mehrere Wörterbuch-Seiten füllen kann.

Ob Sprachsensibilität mehr geschult wird, wenn der Phantasie völlig freier Lauf gelassen wird oder wenn Kreativität stärker gebündelt wird und sich innerhalb bestimmter Grenzen entfalten kann, sich dort aber auch bewähren muß, weil sie im Unterschied zur freien Produktion nicht einfach irgendwohin ausbrechen kann – darüber kann man vermutlich lange streiten. Ohne Zweifel ist der *gedanklichen* Entfaltung des einzelnen im genuinen Schöpfungsakt eines von Vorgaben freien Textes größerer Raum gegeben. *Sprachliche* Differenzierungsfähigkeit und *sprachlicher* Einfallsreichtum werden dagegen dort stärker verlangt, wo es innerhalb eines vorgegebenen gedanklichen Rahmens um eine möglichst überzeugende muttersprachliche Nachschöpfung geht. Mit dem Worte gerungen wird im zweiten Fall sicher härter als im ersten. Im Zeitalter schier omnipräsenten TV-Gesabbers und Sprechblasen-Deutschs aus vielen Mündern der gesellschaftlichen Eliten kann die Hinführung zur Sprachdisziplin so verkehrt nicht sein.

6. »Und noch'n Satz!« – Einzelsätze oder Text?

Beliebige Inhalte als Grammatik-Vehikel?

Der Lateinlehrer schaut auf die Uhr: Vier Minuten bis zum Pausengong. »Einen Satz schaffen wir noch!«, kündigt er an. Was sich hier auf der sprachlichen Oberfläche als Ausdruck (scheinbarer) Flexibilität und engagierten Effizienz-Denkens darstellt, transportiert unterschwellig noch ein weiteres Signal: Daß es im Lateinunterricht darum gehe, eine möglichst große Textmenge zu »schaffen«. Pardon: möglichst viele Sätze. Denn die unausgesprochene Botschaft der forschen Feststellung heißt doch, wenn man sie zuspitzt: Lateinunterricht ist eine Abfolge von ins Deutsche zu übertragenden Sätzen, die durch das Stundenende begrenzt wird. Abschnitte? Gedanklich zusammenhängende Passagen? Inhaltliche Einheiten? Je öfter der ominöse Satz oder eine ähnliche Formulierung fällt, um so mehr muß sich in den Schülern der Eindruck verfestigen, daß es so etwas in lateinischen Texten kaum gebe. Unwillkürlich fühlt man sich an Heinz Erhardts »Noch'n Gedicht!« erinnert. Im modernen Lateinunterricht sollte der flotte Spruch nur mehr Seltenheitscharakter haben. Denn dort gilt seit Jahrzehnten – unter Fachdidaktikern aller Couleur unstrittig – das Textprinzip.

Daß es auch im Lateinischen um Texte gehe, war zwar an sich keine neue Erkenntnis, doch führte die konsequentere Orientierung an diesem Sachverhalt zu erheblichen methodischen Konsequenzen. Vor allem in der Lehrbuchphase: Es bedeutete den Abschied vom Einzelsatz bei der Einführung neuer grammatischer Stoffe. Die Lateinbücher der ersten Generation nach dem Zweiten Weltkrieg standen noch ganz in der Tradition ihrer Vorgänger. In der sogenannten Spracherwerbsphase lernten Schüler die neuen grammatischen Phänomene an isolierten Aussagen kennen. Da war im ersten Satz von Hannibal die Rede, der zweite handelte von den Germanen, im dritten erfuhr man etwas über das Colosseum, und im vierten folgte ein moralinsaurer Rat, sich an der einen oder anderen Tugend der Römer ein Beispiel zu nehmen. Beliebt waren auch immer wieder mal die »kernigen« Spartaner, und selbstverständlich standen Cicero und Augustus, die Gracchen und Caesar des öfteren sozusagen ephemer im Vordergrund – isolierte Wissenssteinchen, die keine Chance hatten, sich zu einem Verstehensmosaik zu verbinden.

Mit einem Wort: Die Inhalte dieser Einführungsstücke und zahlreicher Übungen waren beliebig; sie dienten als reines Vehikel, um Morphologie (Formenlehre) und Syntax (Satzlehre) einzuüben. Daneben gab es auch zusammenhängende Lesestücke, doch atmete auch aus ihnen vielfach der Geist morpho-syntaktischer Dominanz.

Heute spielen die Inhalte auch schon in der Lehrbuchphase eine ungleich wichtigere Rolle. Das erklärt sich u. a. damit, daß aufgrund gekürzter Stundentafeln einfach nicht mehr so viel Zeit wie früher für die »reine« Grammatik zur Verfügung steht. Hinzu kommt, daß grammatische Erscheinungen ja auch eine semantische Funktion haben. Ein Tempus z. B. ist kein rein grammatisches Phänomen, sondern primär ein semantisches. Ob eine Handlung in der Gegenwart, der Zukunft oder der Vergangenheit spielt, verändert die Aussage erheblich. Unterschiedliche Zeiten transportieren unterschiedliche Inhalte – das ist die Funktion, die die Sprache ihnen zuweist. Die Art und Weise, wie das Tempus *gebildet* wird, ist demgegenüber sekundär. Die verschiedenen Formen sind daher nur Differenzierungsmittel. Das eingeschobene Tempus-Zeichen *-ba-* grenzt eine Aussage im Imperfekt von den anderen Zeit-Aussagen des gleichen Verbs ab. Einsicht in die spezifische *Aussage* eines Tempus kann also für den erstmals damit konfrontierten Lerner nur erreicht werden, wenn ihm das neue Phänomen in einem Textzusammenhang begegnet.

Zusammenhängende Texte – Voraussetzung für entdeckendes Lernen

Das Abrücken vom Einzelsatz ermöglicht auch viel stärker entdeckendes Lernen. Es ist wissenschaftlich nachgewiesen, daß selbst Gefundenes und Erkanntes besser und länger behalten wird – auch weil solche »detektivische« Arbeit motivierender ist, als wenn man fertige Ergebnisse mitgeteilt bekommt.

Je jünger die Lerner sind, um so motivierender ist die induktive Methode, die sie eigene Lern-Entdeckungen machen läßt. Neue Grammatik in dieser Weise selbst zu »erfahren« ermöglicht in der Regel nur ein inhaltlicher Kontext. Er bettet das neue Phänomen in einen sinnvollen Zusammenhang ein, aus dem heraus es verständlich wird: Die inhaltliche »Umgebung« ermöglicht es, ohne oder mit nur leichter Einhilfe des Lehrers dem Neuen auf die Spur zu kommen, es in einem ersten Schritt gewissermaßen naiv und vorläufig zu verstehen. Auf dieser Grundlage kann es dann in weiteren Schritten beschrieben und systematisiert werden. In der Sprache der Didaktik heißt das: Die sprachlichen Erscheinungen werden phänomenintegrierend dargeboten, nicht von einem Kontext gelöst – so wie sie in natürlicher Sprachverwendung vorkommen!

Die Abkehr vom Einzelsatz war überfällig – auch und gerade im Sinne einer stärkeren Schülerorientierung. Die Latein-Didaktik hat hier schon vor einiger Zeit den Anschluß an ein – sachangemessenes und deshalb sinnvolles – Prinzip allgemeinen Fremdsprachen-Unterrichts gefunden. Daß das in der Unterrichtspraxis mancherorts etwas träger umgesetzt wird, soll nicht verschwiegen werden. Andrerseits wird es in dieser Hinsicht – im Unterschied zu manchen Moden, denen die Pädagogik offenkundig unterworfen ist – sicherlich kein Zurück geben: Die stärkere Hinwendung zum Text stellt keinen Verzweiflungsakt der Anpassung an irgendeinen kurzlebigen methodischen Zeitgeist dar, sondern beruht auf fundierten lernpsychologischen Einsichten und orientiert sich an normaler Sprachverwendung.

Zur Psychologie der »heiligen« Satzgrenze

Das Bewußtsein, daß es im Lateinunterricht um zusammenhängende Texte und nicht um eine Abfolge voneinander mehr oder weniger unabhängig »gültiger« Einzelinformationen in Satz-Form geht, kann auch bei der Texterschließung und der Übersetzung manches erleichtern. Und nicht nur bei der Interpretation! Bei der hat man »natürlich« von jeher die Satzgrenzen überschritten. Das war jedem klar: Die Interpretation einer Passage als aneinander gereihte Deutung einzelner Sätze anzulegen – was könnte absurder, was unphilologischer sein?

Merkwürdig nur, daß diese Absurdität in den Verstehensphasen, die der Interpretation vorausgehen, lange Zeit der Normalfall war. Satz übersetzt, Satz geistig abgehakt, neuer Satz in Angriff genommen – dieser »Dreischritt« beschreibt ohne allzu hohen karikierenden Anteil das traditionelle Muster, wie Übersetzungen aus dem Lateinischen entstehen. Daß manches Produkt, das so zustande gekommen ist, spätestens dann, wenn man es als Ganzes durchliest, als hanebüchener Unsinn noch freundlich umschrieben ist, ist allgemein bekannt – und wird erstaunlich gottergeben akzeptiert. Als wenn es dann besonders lateinisch zuginge, wenn der offensichtliche Nonsens blüht und gedeiht!

Der wesentliche Grund dafür, daß so wenig über die »heilige« Satzgrenze hinaus gedacht wird, dürfte in dem nicht geringen geistigen Anspruch liegen, der sich mit der Erschließung dieses Textsegments verbindet. Man hat ja wirklich so viele sprachliche Signale zu beachten und aufeinander zu beziehen – und soll dann weitere Energie in eine angemessene deutsche Wiedergabe stecken. Da kommt einem der Punkt jedesmal wie eine kleine Erlösung vor. Land in Sicht! Volle Konzentration auf diese Teilstrecke! Wie's weitergeht, wird man später sehen; davon sollte man sich jetzt noch nicht ablenken lassen. Und wenn dann das Teilziel erreicht ist: Aufatmen. Wieder ein Schritt auf dem Weg durch die gesamte Passage »geschafft« – *der* Satz liegt hinter mir!

Psychologisch sehr verständliche Mechanismen, die da greifen und den Satz als relativ überschaubare Einheit zum Dreh- und Angelpunkt des Erschließungsinteresses machen. In dieser Situation den Blick vor oder zurück zu wenden, heißt: sich unnötig zusätzliche Schwierigkeiten aufhalsen.

Das klingt plausibel. Und doch ist es falsch. Denn zwischen dem einzelnen Satz und dem Text, in den er eingebettet ist, bestehen mannigfache Bezüge. Wer die zu nutzen versteht, braucht bei der Erschließung des einzelnen Satzes nicht immer wieder bei Null anzufangen. Er verfügt bereits über Informationen, ein Vor-Wissen, das ihm eine Anzahl von Schlüsseln bereit stellt, um den – gewiß auch noch zusätzlich gesicherten – »Tresor« des folgenden Satzes aufzuschließen.

Der Text als sprachliches Gewebe

Das ergibt sich schlüssig aus dem Textbegriff. Es ist schon erstaunlich, wie oft in allen möglichen Zusammenhängen von Texten die Rede ist und wie unreflektiert ein so zentraler Begriff häufig verwendet wird. Selbst viele Philologie-Studenten sind nicht in der Lage, das Wesen eines Textes zu definieren.

Es gibt die unterschiedlichsten Textbegriffe, z.T. sehr anspruchsvolle und manchmal auch recht prätentiös wirkende. In unserem Zusammenhang hilft ein ganz schlichtes, an der Etymologie des Wortes orientiertes Verständnis weiter. Text kommt von lateinisch *texere*, »weben«. Ein Text ist also ein sprachliches »Gewebe«. Einzel-Informationen werden wie Fäden zusammengeknüpft, und zahlreiche sprachliche Signale verweisen als »Verknüpfungspunkte« aufeinander. »dieser« ist in der Regel ein zurückweisendes Signal; es nimmt Bezug auf eine vorher genannte Sache oder Person. »folgendes« ist dagegen ein vorausweisendes Signal. »der gleiche« transportiert zwei Informationen: die Anknüpfung an eine bereits bekannte Information (womit/mit wem wird verglichen?) und den neuen Hinweis darauf, daß jemand/etwas so ist wie der/das schon Bekannte. Wie ein textiles Gewebe ohne Verknüpfungen auseinanderfiele, so auch ein sprachliches. Ganz offensichtliche Verknüpfungen sind logische Bindewörter wie »darum«, »danach«, »dadurch«. Sie werden folgerichtig als Konnektoren (»Verknüpfer«, von *connectere*, »zusammenknüpfen«, »verflechten«) bezeichnet. Ihre Aufgabe ist es, das logische Verhältnis zweier Informationen zueinander zu bestimmen. Sobald in einem lateinischen Text ein *itaque* (»und so«; »daher«) auftaucht, erfährt der Leser also, daß nun eine Folge oder eine Schlußfolgerung kommt – eine begründete Vorerwartung, die ihn erkennen läßt, in welche Richtung der Gedankengang des Textes weitergeht. Ein Plusquamperfekt in einer Erzählung der Vergangenheit ist ein eindeutiges sprachliches Signal dafür, daß die »normale« Zeitebene des Textes verlassen wird – die so beschriebene Handlung muß *vor* den anderen Handlungen stattgefunden haben.

Solche sprachlichen Signale sorgen dafür, daß Einzelinformationen zu einem wirklichen Text zusammengefügt werden. Sie garantieren die Kohärenz eines sprachlichen Gebildes, d.h. sein »Zusammenhaften« (*co-haerere*) – die entscheidende Voraussetzung dafür, daß überhaupt ein sinnvoller Text vorliegt. Man kann auch sagen: Jeder Text ist durch eine Abfolge bekannter und neuer Informationen gekennzeichnet. Es gibt eine inhaltliche Progression, d. h. ein gedankliches »Voran-Schreiten« (*pro-gredi*), eine Erweiterung des schon Bekannten. Das Neue muß aber in dem Bekannten gleichsam verankert sein. Erst dadurch erhält es die notwendige Eindeutigkeit und kann gegenüber anderen Möglichkeiten des Verständnisses abgegrenzt werden.

Als tiefschürfende Einsichten wird man all das kaum einstufen, eher als etwas Selbstverständliches und Offensichtliches. Um so erstaunlicher ist es, wie wenig dieses Selbstverständliche bei der Erschließung lateinischer Texte lange Zeit genutzt worden ist (und teilweise immer noch nicht genutzt wird). Gerade die Kohärenz des Textes macht doch den neuen Satz zu einer jedenfalls zum Teil berechenbaren Größe. Wer also an »Satz 3« eines Textes herangeht, ohne sich klarzumachen, was er aus den ersten beiden Sätzen schon erfahren hat, verzichtet auf wichtige Hilfen. Er tastet sich in einem stockfinsteren Raum vorwärts, weil er seine Lichtquelle unnötigerweise gelöscht hat (die, zugegeben, manchmal auch nur ein zart flackerndes Kerzlein sein kann). Indem sie den Blick von der Fixierung auf die reine Satzebene zur Textebene hin weitet, hat die moderne Latein-Didaktik im Grunde nur die Konsequenz aus dem Wesen und dem Aufbau eines sprachlichen »Gewebes« gezogen.

Attentat auf einen Sklavenhalter – Konkretes Beispiel für eine Texterschließung über den Inhalt

Wie sich sprachliche Signale, die über den Satz hinaus weisen, als Hilfen zum Verständnisgewinn nutzen lassen, sei an einem Beispiel gezeigt. In einem seiner Briefe (III 14) schildert Plinius den Überfall von Sklaven auf ihren Herrn. Der Brief ist ein hochinteressantes Dokument, weil Plinius den Larcius Macedo anfangs als einen brutalen Sklavenhalter charakterisiert, der seine Unfreien malträtiert, weil »er zu selten oder zu oft daran dachte, daß sein eigener Vater noch Sklave gewesen war«, am Ende des Briefes aber trotzdem zu einer Art Solidarität der Freien aufruft, da kein Herr sich vor den

Nachstellungen seiner Sklaven sicher wähnen könne. Wir beschränken uns hier aber auf die Darstellung des Attentats.

Lavabatur in villa Formiana; repente eum servi circumsistunt, al⁻⁻s fauces invadit, alius os verberat, alius pectus et ventrem atque etiam, foedum dictu, verenda contundit; et, cum exanimem putarent, abiciunt in fervens pavimentum, ut experirentur, an viveret. Ille, sive quia non sentiebat, sive quia se non sentire simulabat, immobilis et extensus fidem peractae mortis explevit. Tum demum quasi aestu solutus effertur; excipiunt servi fideliores, concubinae cum ululatu et clamore concurrunt. Ita et vocibus excitatus et recreatus loci frigore sublatis oculis agitatoque corpore vivere se – et iam tutum erat – confitetur. Diffugiunt servi; quorum magna pars comprehensa est, ceteri requiruntur. Ipse paucis diebus aegre focilatus non sine ultionis solacio decessit, ita vivus vindicatus, ut occisi solent.

Er badete in seiner Villa in Formiae (Imperfekt: andauernd, wohliges Befinden). Plötzlich (heftige Ruhestörung zu erwarten; Gefahr) umringen (Präsens: Dramatik des Geschehens) ihn (bekannte Person) Sklaven (neue Information), der eine packt ihn an der Gurgel, der andere schlägt ihm ins Gesicht, ein dritter zerschlägt ihm Brust, Leib und sogar – scheußlich zu sagen – die Scham (*servi* wird »entfaltet« durch dreimal *alius*; dadurch betont: Gleichzeitigkeit verschiedener Angriffe, Chancenlosigkeit der Gegenwehr, Hinweis auf schlimmen Ausgang; *etiam* in Verbindung mit *horribile dictu*: Steigerung, nach Brust und Leib kommt eigentlich nur noch »Scham« in Frage; man kann die Bedeutung aus dem Kontext erschließen) und, da sie ihn für tot hielten, werfen sie (Plural: Einzelaktionen zu Ende; Hinweis auf »Erfolg« des Attentats) ihn auf den glühend heißen Estrich, um auszuprobieren, ob er noch lebe (Wechsel zum Singular: *viveret* kann sich nur auf Macedo beziehen, auch inhaltlich klar: *sein* Leben steht auf dem Spiel). Der (Reaktion des Macedo auf das Handeln der Sklaven), sei es, weil er wirklich nichts fühlte (nachzuvollziehen bei einem schlimm Mißhandelten und für leblos Gehaltenen), sei es (es gibt also noch eine Möglichkeit: er muß nicht tot oder bewußtlos sein, sinnvolle Vermutung: er verstellt sich) weil er nur so tat, als fühle er nichts, unbeweglich (logische Folge des »Nicht-Fühlens«) und lang ausgestreckt (ebenfalls logische Folge: keine natürliche Schutzreaktion auf Hitze durch weniger exponierte

Körperhaltung), machte den glaubwürdigen Eindruck, daß sein Tod eingetreten sei (in »glaubwürdig« liegt ein subjektives Moment, s. u.; die Sklaven haben ihr Ziel also anscheinend erreicht; wie werden sie reagieren? Auf jeden Fall ihn als Toten behandeln). Da erst (oder: »schließlich«; tatsächlich: die Aktion des Überfalls ist zu Ende) wird er herausgetragen (Passiv: Leblosigkeit, denn der Tod scheint ja eingetreten zu sein), als wäre (Vorwand der Sklaven, die ja ihr Attentat als Unfall verschleiern müssen) er durch die Hitze (Rückverweis auf den »glühend heißen Estrich«) ohnmächtig geworden: Es nehmen (ihn) auf (Plural in Verbindung mit einer »freundlichen« Tätigkeit: neue Personen sind zu erwarten) treuere Sklaven (Komparativ als Abgrenzung zu den Attentätern; gleichzeitig neue Information: nicht alle Sklaven waren beteiligt), seine Konkubinen laufen zusammen unter Heulen und Geschrei (angesichts der Situation zu erwarten: hektisches bis panisches Verhalten). So (signalisiert eine Reaktion auf das Verhalten) einerseits durch das Stimmengewirr (Rückverweis auf »Heulen und Schreien«) aufgeweckt (-*us*: Maskulinum Singular, also Reaktion des Macedo; aufgeweckt: er war also nicht tot, dadurch Revision der Information: »erweckte den glaubwürdigen Eindruck, tot zu sein« bzw. Anknüpfung an das subjektive Moment in *fides*) und belebt durch die Kühle des Ortes (Gegensatz zur Hitze des Bades; mit »rekreativen« Folgen, dadurch Verstärkung des *excitatus*; Erwartung: Er wird jetzt handeln), schlug er die Augen auf (das erste, das man von einem aus der Ohnmacht Erwachenden erwartet), bewegte seinen Körper (Gegensatz zur Bewegungslosigkeit im Bad; allmählicher Prozeß des Zu-sich-Kommens) und gibt zu erkennen (ob durch Körpersprache oder verbalisiert, ist sekundär), daß er noch lebte (Gegensatz zu »sie hielten ihn für tot«) – und jetzt war es sicher (im Unterschied zur Situation im Bade, als die Sklaven es »testeten«; welcher Fortgang der Handlung ist nach dieser überraschenden Wendung zu erwarten? Die Attentäter müssen reagieren. Wie werden sie reagieren? Panisch!) Die Sklaven (Vorerwartung hinsichtlich Subjektwechsels bestätigt) stieben auseinander (wie ebenfalls erwartet; im Lateinischen: Anfangstellung des Prädikats unterstreicht ihre Panik). Von ihnen (direkte Beziehung auf die Sklaven) wurde ein großer Teil aufgegriffen (Frage: Was ist mit dem anderen Teil?), die übrigen (Antwort) werden noch gesucht (Gegensatz fast zwangsläufig in dieser Situation, die Bedeutung von *requirere* läßt sich aus dem Zusammenhang schließen; Präsens: noch kein abgeschlossener Vorgang). Er selbst (Subjektswechsel: Der Gedanke kehrt zu Macedo zurück), für wenige Tage mit Mühe wiederbelebt (Information ist bekannt, wird aber durch »mit Mühe« und »wenige Tage« in ihrer Gültigkeit eingeschränkt; Vorverweis auf Tod des Macedo), nicht ohne Trost durch die Rache, verschied (Vorverweise bestätigen sich), so noch zu Lebzeiten gerächt zu sein (Wiederaufnahme der »Rache«) wie sonst nur Tote (Gegensatz »lebendig« und »tot« durch »so ... wie« nur scheinbar aufgehoben; der Vergleich kann also nur die Begleitumstände betreffen).

Die vorgeführte Art der Erschließung arbeitet mit den bekannten Informationen und stellt begründete Vorerwartungen an den Fortgang des Textes. Sie vernachlässigt die Inhaltsebene nicht, sondern nutzt sie konsequent als Hilfe für die dadurch nicht überflüssig gewordene, aber erleichterte grammatische Analyse. Sie erschließt den Text linear, d.h. in der Reihenfolge der Informationen, wie sie der Autor für den Leser gedacht hat.

Satzübergreifendes Verstehen – eine Methode vorläufigen Verständnisgewinns

Die Möglichkeit eines *ersten, vorläufigen* Verständnis-Zugriffs auf den Text bietet eine andere Methode: Die satzübergreifende Vorerschließung. Diese Methode geht von der sogenannten Textgrammatik aus. Darunter versteht man die Tatsache, daß jeder Text sich durch bestimmte Strukturmerkmale auszeichnet. Dazu gehören z.B. die in einer Passage vorkommenden Personen (»Konfiguration«), das Vorherrschen bestimmter Wortfelder, die mit der Thematik eines Textes in Verbindung stehen, das Tempus-Profil eines Textes, d.h. die Abfolge der Tempora, das Modus-Relief (Verteilung und Wechsel von Indikativ- und Konjunktiv-Formen) und ähnliche Faktoren, die den Zusammenhalt des Textes, seine Kohärenz auch über offensichtliche Konnektoren hinaus, bewirken.

Im vorliegenden Beispiel könnte eine solche Vorerschließung z.B. über die Subjekte und Prädikate der Hauptsätze sowie die Verbindungswörter zwischen den Sätzen erfolgen.

lavabatur (Macedo); repente servi circumsistunt; alius invadit, alius ver-
berat, alius contundit; et abiciunt; ille implevit, tum demum effertur; exci-
piunt servi fideliores; concubinae concurrunt; ita confitetur; effugiunt ser-
vi; quorum magna pars comprehensa est, ceteri requiruntur, ipse decessit.

Auch wenn das Verständnis an einigen Stellen unklar bleibt, ergibt
sich doch ein aussagekräftiges inhaltliches Gerüst: Macedo badete,
plötzlich umringen (ihn) Sklaven; einer dringt ein (auf ihn); ein weiterer schlägt; ein dritter zerschlägt, und sie werfen weg; er erfüllte
(die unklarste Stelle!); dann endlich wird er herausgetragen; treuere
Sklaven nehmen (ihn) auf, Konkubinen laufen zusammen. So bekennt er (unklare Stelle); die Sklaven stieben auseinander; ein großer Teil von ihnen wurde gefaßt; die übrigen werden noch gesucht;
er selbst starb.

Ein anderer, hier weniger ergiebiger Weg einer Vorerschließung
könnte über Wortfelder führen. Man schaut sich den Text als Ganzes an und findet mindestens zwei dominante Wortfelder heraus.
Das erste ist das der Gewalt (*circumsistunt, invadit, verberat, contundit, abiciunt, comprehensa est, occisi* ; die beiden letzten auf die
Sklaven bezogen), das zweite ist der Gegensatz tot/lebendig (*exanimem, viveret, mortis, vivere, focilatus, decessit*). In Beziehung zu
den offensichtlichen Hauptakteuren gesetzt, wird man über diese
Wortfeldanalyse ermitteln, daß von einem Attentat die Rede ist, bei
dem es um Leben und Tod geht. Genaueres läßt sich bei dieser Art
einer globalen Vorerschließung nicht herausfinden. Mit Hilfe des ersten Ansatzes erfährt man hier offenbar sehr viel Genaueres über
den Handlungsablauf – und das, *bevor* der Text im einzelnen übersetzt ist.

Die Theorie der Vorerschließung beruht auf dem Prinzip des her-
meneutischen Zirkels. Das Verständnis vollzieht sich in mehreren
Schritten und auf verschiedenen Ebenen, und zwar im Spannungs-
feld zwischen der Einzelinformation und der Gesamtaussage, die
sich wechselseitig stützen und determinieren. Hat man nun einen
ersten Verständnisrahmen gewonnen, so fällt es leichter, die Einzel-
aussagen in ihn einzuordnen – eine Art der Kanalisierung des Verständnisses, die z. B. prinzipiell mögliche, aber in dem konkreten In-
haltsrahmen unsinnige oder unwahrscheinliche Bedeutungen einzelner Vokabeln ausschließt.

Methodenstreit unter Fachdidaktikern –
So lebendig ist Latein

In der Theorie leuchtet das ein; die unterrichtspraktische Umsetzung ist allerdings nicht immer so überzeugend, wie es die Theorie erwarten ließe. Gleichwohl bieten solche Zugänge, wenn sie im Bewußtsein auch der ihnen eigenen Grenzen betrieben werden und wenn sich die Texte dafür eignen, neue Chancen einer inhaltsbezogenen Texterschließung, die neben die grammatische »Schiene« tritt – nicht als Ersatz, sondern als zusätzliche Methode.

Methode heißt »Verfahren«, »Weg, etwas zu erreichen«. Es entspricht allgemeiner Lebenserfahrung, daß ein Ziel auf unterschiedlichen Wegen erreicht werden kann. Das gilt auch für den Umgang mit Texten. Je reichhaltiger das methodische Instrumentarium ist, um so aussichtsreicher das Bemühen, ans Ziel zu gelangen. Wobei das Ziel das richtige inhaltliche und sprachliche Verständnis eines Textes ist.

Wo sich indes der Weg zum Ziel aufzuwerfen droht, liegt eine fatale Verwechslung von Methodik (dem Wie) und Didaktik (dem Was und Warum) vor. Bestimmte Positionen in der modernen Fachdidaktik, die die satzübergreifende Erschließung zu einer Art Heilsbotschaft stilisieren, stehen in der Gefahr, das eigentliche Ziel aus den Augen zu verlieren. Der Königsweg zum Textverständnis führt keineswegs grundsätzlich über den satzübergreifenden Erschließungsansatz. Schon gar nicht, wenn er ohne den »Gegen-Check« durch eine präzise Übersetzung auftritt und den hypothetisch-vorläufigen Charakter dieser Annäherung vergißt.

Andrerseits haben auch die traditionellen Methoden der Texterschließung auf manchen Holzweg geführt und haben »Übersetzungen« hervorgebracht, die zwar grammatisch »richtig« erschienen, nur leider keinen Sinn ergaben – weil die Inhaltsebene und die Gesamtaussage des Textes zu wenig berücksichtigt wurden. Solche Horror-Übersetzungen kennt man zur Genüge, und daher dürfen stärker inhaltsbezogene Vorgehensweisen als wichtiges Korrektiv nicht gering geschätzt werden.

Der Dissens zwischen »Traditionalisten« und »Modernisten« entzündet sich vor allem an Fragen der Texterschließung. Hier empfehlen sich Augenmaß und Pragmatismus. Einer größeren Öffentlichkeit ist der ideologieverdächtige Streit einer kleinen Kaste von Fachdidaktikern um *die* beste Erschließungsmethode kaum zu vermitteln. Manches daran wirkt angesichts viel grundsätzlicherer Anliegen und Leistungen des Lateinunterrichts engstirnig und kleinkariert. Ob man dem Fach einen Gefallen damit tut, wenn man diese Streitfrage so ins Zentrum der didaktischen Diskussion stellt, wie es in den letzten Jahren der Fall war, ist recht zweifelhaft.

Positiv ist indes allemal zu werten, daß auch in diesem Bereich einiges in Bewegung geraten ist. Wenn über didaktisch-methodische Fragen bei der Vermittlung »toter« Sprachen so munter gestritten wird, ist das ein schöner Beleg für deren Lebendigkeit. Weder die Sprachen noch ihre Vermittler haben sich zu Grab tragen lassen. Totgesagte leben länger. Wir haben es am Beispiel des Larcius Macedo gesehen. Im Gegensatz zu ihm wird das Lateinische allerdings länger als nur ein paar Tage überleben.

7. Unser tägliches Latein – Lehnwörter schreiben Kulturgeschichte

Mit Kanzler Kohl in unsere römische Vergangenheit

Seit Freitag, dem 1. Oktober 1982, regiert Kanzler Kohl die Republik.
Eine Pressemeldung vom nächsten Tag, die jedermann versteht. Wer
behauptete, zu ihrem Verständnis brauche man lateinische Sprachkenntnisse, würde verlacht.

Schaut man jedoch hinter die vordergründige sprachliche Ku-
lisse, so gerät man unversehens in einen Traditionsraum, der durch
und durch von unserem römisch-lateinischen Erbe geprägt ist. Was
dabei auf den ersten Blick als Fremdwort aus dem Lateinischen
identifizierbar erscheint, ist die Bezeichnung der deutschen Verfassung als Republik – von lateinisch *res publica*, »öffentliche Sache«,
»Staat«. Bei »regieren« mag mancher unsicher sein: Das hört sich
doch ziemlich deutsch an. Ist es aber nicht. Tatsächlich geht »regieren« auf *regere*, »leiten, lenken« – »regieren« eben – zurück. Auch
der »Kanzler« ist lateinischen, wenngleich jüngeren Ursprungs: In
der Spätantike war der *cancellarius* ein hoher Beamter, der »Kanz-
leivorsteher«. Der versah seinen Dienst offenbar in einem vom
einfachen Volk abgegrenzten und insofern »beschränkten« Raum:
cancelli sind die Schranken, Einzäunung. In den Kirchen des ausgehenden Altertums stellte der *cancellus* den für den Geistlichen abgegrenzten Raum im Gotteshaus dar; kein Wunder, daß die »Kanzel«
deshalb auf den gleichen Begriff wie der »Kanzler« zurückgeht.

Wir widerstehen der Versuchung, die von vielen behauptete
Volksferne der Kirche oder der Politik mit solchen Ausflügen in die
Etymologie erklären oder gar rechtfertigen zu wollen, und wenden
uns lieber den weiteren Bestandteilen unseres Mustersatzes zu. An
dessen Anfang steht das Datum (des Geschehens, auf deutsch die
Zeit-»Angabe«; *datum*, »gegeben am …« schrieb man schon in der
Antike, um Briefe zu »datieren«). Ebenso alt sind die Monats- und

Tagesbezeichnungen, die wir – und mit uns ein großer Teil der Weltbevölkerung auf allen fünf Kontinenten – verwenden. Ohne daß es die meisten Leute wahrnehmen, ist jede heutige Datierung ein Ausflug zu den römischen Ursprüngen unserer Zivilisation.

Zunächst zu den Monatsnamen. Sie alle gehen, vom Januar bis zum Dezember, auf den römischen Kalender zurück. *October* war der »achte« Monat; von *octo*, »acht«. Aber es ist doch der zehnte, heißt ein beliebter Einwand. Mit einem Blick in die Kulturgeschichte läßt er sich zugleich bestätigen und zurückweisen. Bei den Römern fing nämlich das Jahr ursprünglich am 1. März an. Durch die spätere Vorverlegung des Jahresbeginns auf den 1. Januar kam es zu der logisch abenteuerlichen Konstruktion, daß der September (von *septem*, »sieben«) tatsächlich den neunten oder der Dezember (von *decem*, »zehn«) tatsächlich den zwölften Monat des Jahres bezeichnet. Wie gut, daß die Berühmtheit zweier römischer Staatsmänner die scheinbar halsbrecherische Kalender-Logik des zweiten Halbjahres – die ersten sechs Monate der heutigen Zählung sind nach römischen Gottheiten benannt – wenigstens für zwei Monate ins Lot brachte: Dem C. Iulius Caesar verdanken wir den Juli, dem als Augustus (»der Erhabene«) gefeierten Octavian den August (anstelle des ursprünglichen *Quinctilis*, »fünften«, und *Sextilis*, »sechsten« Monats).

Bei den Tagesbezeichnungen liegen die Dinge etwas komplizierter. Auch wenn die Arbeitszeit für viele am Freitag mittag endet, hat er direkt nichts mit dem Adjektiv »frei« zu tun. Vielmehr ist der Freitag nach der germanischen Göttin Freya/Fria benannt (vgl. auch das englische *Fri-day*). Die kam zu diesen Ehren allerdings nur, weil sie mit der römischen Venus gleichgesetzt wurde, für die dieser Tag in der »Planeten-Woche« reserviert war. Der Siegeszug der »Planeten-Woche« mit ihrem siebentägigen Rhythmus vollzog sich im 1. Jh. n. Chr., und seit ca. 100 n. Chr. war es üblich, vom *dies Veneris*, »Tag der Venus«, zu sprechen. In den romanisierten Teilen des Römischen Reiches blieb es sozusagen dabei: *vendredi* nennen die Franzosen den Freitag, *venerdì* sagen die Italiener. Im germanischen Raum kam es, wenn man so will, zum Kompromiß. Die Planeten-Woche wurde übernommen, die Namen der jeweiligen Gottheiten aber wurden »germanisiert«, indem man je nach dem Zuständigkeitsbereich der Gottheit römische und germanische Vorstellungen parallelisierte.

So etwa auch beim *dies Iovis*, dem »Jupitertag« (frz. *jeudi*; ital. *giovedì*). Dem höchsten römischen Gott wurde der höchste germanische gleichgesetzt, nämlich Donar, ebenso wie Jupiter übrigens der Gott des Gewitters, der »Donnerer« – daher unser Donnerstag. Als »gute Heiden« machten die Germanen den religiösen Schwenk der römischen Spätantike im übrigen nicht mit: Deshalb entspricht der deutsche Sonn-tag bzw. der englische *Sun-day* dem ursprünglichen lateinischen *dies Solis*, dem »Tag der Sonne«. Dessen christliche Ablösung durch *dies dominica*, »Tag des Herrn«, nahmen nur die romanischen Sprachen pflichtbewußt auf: frz. *dimanche*; ital. *domenica*; span. *domingo*.

Auch der Freitag führt uns mithin in unsere römische Vergangenheit zurück: Der Kanzler hat sein Amt unter dem Zeichen der Liebesgöttin angetreten. Als Omen erscheint das kaum interpretierbar; da hätte ein Donnerstag deutlich höheren Symbolwert gehabt ...

Bleibt noch der Name »Kohl«. Er klingt so deutsch, wie man es von einem deutschen Kanzler – zumal diesem – erwarten darf. Wenigstens hier scheint das römische Erbe überwunden. Ein Irrtum! Denn Kohl ist ein klassisches Lehnwort aus dem Lateinischen. *caulis* bezeichnet eine Gemüsesorte, die unsere germanischen Ahnen bei den Römern kennen- und schätzengelernt hatten. Den Begriff haben sie dann wie die Sache selbst bereitwillig von ihren römischen »Zivilisationsmeistern« übernommen.

Getarntes Latein – Was Lehnwörter erzählen

Zivilisationsmeister: Dieser Begriff macht Sinn, wenn man sich die Lebensbereiche vergegenwärtigt, in denen sich die Entlehnungen aus dem Lateinischen häufen. Das »Tückische« bei den Lehnwörtern ist dabei, daß man sie kaum als solche erkennt. Im Unterschied zu den Fremdwörtern sind sie in Aussprache, Betonung und Schreibweise so perfekt in die entlehnende Sprache integriert, daß man ihnen ihre fremde Herkunft nicht mehr ansieht. Zumal es in der Regel keinen »eigentlichen«, deutschen Begriff dafür gibt, weil die bezeichnete Sache vor der Entlehnung gar nicht oder nicht in dieser Form bekannt war.

Römische Technik war, als sich Germanen und Römer um die Zeitenwende intensiver zu begegnen begannen, den einschlägigen Kenntnissen ihrer »barbarischen« Gegner und Partner haushoch überlegen. Kein Wunder, daß der Klassenunterschied zu zahlreichen sprachlichen Übernahmen auf diesem Gebiet führte: Von der »Mauer« (*murus*) über den »Kalk« (*calx*), das »Fenster« (*fenestra*), den »Keller« (*cella*), die »Pforte« (*porta*) bis zur »Straße« (*via strata*; der »bedeckte«, »gepflasterte« Weg), von »Mühle« (*mola*) und »Wall« (*vallum*) bis zu »Anker« (*ancora*) und »Pfeil« (*pilum*).

Auch die im weiteren Sinne kulinarische Begegnung zwischen Germanen und Römern trug ihre Früchte. Der Ort selbst, in dem die »Barbaren« die für sie neuen Lebensmittel vorzugsweise probiert (»geprüft«; von *probare*) haben dürften, kam ihnen offenbar so spezifisch römisch vor, daß sie seine Bezeichnung übernahmen: »Küche« ist ein Lehnwort von *coquina* bzw. vulgärlateinisch *cucina*. Und auch manches von dem, was man in einer römischen Küche so vorfand, vom »Inventar« (von *invenire*, »finden«), beeindruckte durch seinen Nutzen so stark, daß es kurzerhand auch sprachlich übernommen wurde: die »Pfanne« (*patina*), der »Kessel« (*catillus*) und die »Schüssel« (*scutella*).

Wie sehr der Einfluß der römischen Küche die germanische Speisekarte bereicherte, lassen zahlreiche Lehnwörter für die neuen Eßprodukte erkennen. »Kirsche« (*ceresia*) und »Kürbis« (*cucurbita*), »Kümmel« (*cuminum*) und Mandel (*amandula*), »Senf« (*sinapi*) und Rettich (*radix*; »Wurzel«), »Pflaume« (*prunum*), »Feige« (*ficus*) und »Pfirsich« (*persicus*) berichten davon – und manch andere Bezeichnungen mehr.

Auf all das hätten unsere Vorfahren noch verzichten können; nicht aber auf etwas, an dem sie mit großer Leidenschaft hingen: Die Rede ist vom *vinum*. Von Gallien aus setzte sich auch im römischen Germanien der Weinbau durch – und mit ihm das einschlägige Lehrvokabular vom »Winzer« (*vinitor*) über den »Most« (*mustum*) bis zur »Kelter« (*calcatura*; »das Treten mit den Füßen«) und der Wein-»Presse« (*pressura; premere*, »drücken«).

Vornehmer Käse

Französischer ›fromage‹ genießt Weltruhm, und auch italienischer ›formaggio‹ ist nicht zu verachten. Etymologisch gesehen, ist das freilich min-

derwertiges Zeug – verglichen mit edlem deutschem Käse. Denn der ist vom hochsprachlichen lateinischen caseus entlehnt, während fromage (früher: formage) und formaggio auf das vulgärlateinische, erst im Mittelalter bezeugte formaticum (»in eine Form gebrachte Milch«) zurückgehen.

Spät, aber gründlich: Die zweite Entlehnungswelle umfaßt den Bildungsbereich

Mit dieser zivilisatorischen Grundausstattung hatte sich die germanische Lebensqualität zunächst einmal so verbessert, daß man auch ohne Entlehnungen aus dem feineren Kulturbereich ganz gut auskam. Es dauerte ein paar Jahrhunderte, bevor im frühen Mittelalter eine weitere Entlehnungswelle aus dem Lateinischen über die germanischen Sprachen hereinbrach. Pate stand dabei die in den Klöstern (von *claustrum/clostrum*, »geschlossener Bereich«) gepflegte Gelehrsamkeit. Aus diesen lateinisch geprägten Kulturinseln gingen Begriffe wie »Schule« (*schola*) und »Schüler« (*scholaris*), »schreiben« *(scribere)*, »lesen« (*legere*) und »dichten« (*dictare*), »Tinte« (*tincta*; von *tinguere*, »eintauchen«, »färben«) und »Zettel« (*scheda*), »Griffel« (*graphium*) und »Brief« (*breve*; »kurzes Schreiben«) dauerhaft ins Deutsche über.

Aus der Fülle der Lehn- und Fremdwörter, die das Lateinische im kirchlichen Bereich bereit stellte, sei nur das »Kreuz« (*crux*) angeführt: Wenn der Geistliche in dessen »Zeichen« Gottes Gnade erbittet, dann »segnet« er die Gemeinde (von *signum*, »Zeichen«; *signare,* »mit einem Zeichen, Prägemal versehen«).

Blick hinter sprachliche Kulissen – oder: Die kleine Lust an der Erkenntnis

Muß man all das wissen? Natürlich nicht, wenn es um die reine Verständigung geht. Gerade Lehnwörter sind ja so eingedeutscht, daß sie als sprachliche »Fremdkörper« gar nicht in Erscheinung treten und jedermann sie versteht. Andererseits begnügen wir uns ja auch in vielen anderen Bereichen nicht mit der bloßen Fassade. Der Film lebt von der Illusion – und trotzdem stehen die Menschen in den großen Hollywood-Studios Schlange, um einmal hinter die Kulissen zu schauen. Der Mensch ist neugierig, er will verstehen. Eine Sache zu durchdringen – das schafft Befriedigung.

So werden Ausflüge in die Geschichte der eigenen Sprache, wie wir sie gerade unternommen haben, durchaus als Horizont-Erweiterung erfahren – ein Stückchen Welterklärung im kleinen, im ganz alltäglichen Bereich. Man staunt und findet solche »Enthüllungen« interessant – was ja nichts anderes heißt, als daß man (geistig) »dazwischen ist« (*inter-esse*), »Anteil nimmt«. Um wieviel befriedigender sind solche Entdeckungen, wenn man sie mit Hilfe eigener Sprachkenntnisse hier und da selbst machen kann! Das sind Erfolgserlebnisse, die einen die eigene Sprache und Kultur mit anderen Augen sehen lassen.

Und es sind doch eher vergnügliche Streifzüge durch unser römisch-lateinisches Erbe gewesen! Im übrigen ist die Lehnwort-Tradition aus dem Lateinischen nicht nur auf zivilisatorisch nützliche und ernste Dinge beschränkt. Immerhin gehören auch »Gaudi« (*gaudium*, »Freude«) und Jux (*iocus*, »Scherz«) zum lateinischen Lehnwortschatz. Und selbst die darin zum Ausdruck kommende gute »Laune« hat etwas Lateinisches: Die vermutete Auswirkung des Mondes auf das menschliche Gemüt hat uns dieses überraschende Lehnwort beschert (*luna*, »Mond«).

8. Was ein Querulant vom Optimieren hält – Anmerkungen zum Fremdwörter-Latein

Deutsch als Stieftochter des Lateinischen

»Wer Latein gelernt hat, versteht Fremdwörter besser« – das ist bei vielen Vorstellungsreferaten und Werbegesprächen pro Latein ein zentrales Argument. Und zwar ein erstaunlich zugkräftiges; denn es signalisiert dem Auditorium eine plausible Antwort auf die Frage aller Fragen: »Was bringt mir das?« Oder, noch konkreter: Wo ist der *praktische* Nutzen?«

»Platter Utilitarismus!« bescheinigen manche, die so argumentieren, leicht indigniert ihren Zuhörern und ihren eigenen Ausführungen – wenn sie nicht aufgrund ständiger Wiederholung des ebenso abgedroschenen wie erfolgreichen Trivial-Arguments von seiner Validität am Ende selbst überzeugt sind. Es gibt ja auch in Politik und Gesellschaft genügend prominente Beispiele dafür, wie man zum Opfer seiner eigenen Propaganda werden kann ...

Fairerweise sollte man hinzufügen: Wer das Fremdwörter-Argument an einem bestimmten Punkt der Diskussion wie einen *deus ex machina* aus dem Ärmel zaubert, tut das nicht selten aus purer Notwehr: Wenn nämlich etwa die vehementen Verfechter des rivalisierenden Faches Französisch *ihren* Beitrag zur Verflachung der Kontroverse mit dem undifferenzierten Hinweis auf die berühmt-berüchtigten »Ferien in Frankreich« leisten: Erstens angesichts der deutschen Auslandsurlaubs-Statistik dann doch bitte für Spanisch plädieren, und zweitens bitte ehrlicherweise darauf hinweisen, daß das *Schulfach* Französisch – wie Latein – ein stark *literarisch* geprägtes Fach ist und kein Dolmetscherkurs, dessen Absolventen in viel kürzerer Zeit zu einer viel solideren Beherrschung des gesprochenen Französisch gelangen als Schüler!

Trotzdem: Die schlichte Gleichsetzung Lateinkenntnisse = Fremdwörterkenntnisse ist, wenn sie auf der Oberfläche bleibt, ein vergleichsweise schlichtes Argument mit Tendenz zur Peinlichkeit. Oberfläche: Das heißt der bloße Hinweis auf den hohen Anteil lateinischstämmiger Fremdwörter im Deutschen. Der ist tatsächlich so enorm, daß man das Deutsche fast schon als Stieftochter des Lateinischen bezeichnen könnte. Also doch Lateinkenntnisse = Fremdwörterkenntnisse? Nein, denn der Umkehrschluß gilt offensichtlich nicht. Fremdwörterkenntnisse = Lateinkenntnisse – das läßt sich rasch widerlegen. Denn zahllose Fremdwörter aus dem Lateinischen werden problemlos von -zig Millionen Deutschen verstanden und gebraucht, ohne daß sie eine einzige Lateinstunde genossen hätten. Sofern sie zur Alltagssprache gehören, werden sie genauso leicht und selbstverständlich gelernt wie deutsche Vokabeln.

Freude und Stolz der Latein-Profis über das eindrucksvolle lateinische Erbgut des Deutschen in allen Ehren – aber wer die Bild-Zeitung oder weitverbreitete TV-Zeitschriften als Grundlage einschlägiger Frequenzstatistiken nimmt und das Ergebnis befriedigt als Argument für die Wichtigkeit heutigen Lateinunterrichts hochhält, der schießt – *sit venia verbo* – ein klassisches Eigentor. Kein Argument könnte überzeugender dafür werben, daß es wohl auch »ohne« geht ...

Vom Ursprung der Fremdwörter – Nützliche Aha-Erlebnisse

Sinn macht die Fremdwörter-»Karte« erst, wenn man zum einen in die Tiefe des Sprachverständnisses geht und sich zum anderen Sprachniveaus zuwendet, die über der Alltagssprache liegen. In *diesen* beiden Fällen erweisen sich Lateinkenntnisse als ausgesprochen nützlich – sogar im Sinne streng utilitaristischen Denkens.

Machen Sie, verehrte Leserinnen und Leser, die Probe aufs Exempel, indem sie sich die lateinischstämmigen Fremdwörter der ersten Abschnitte dieses Kapitels genauer anschauen. Bei den meisten haben Sie, auch wenn Sie Latein nicht gelernt haben, kein Verständnisproblem gehabt. Referat, pro, zentral, signalisieren, plausibel, Auditorium, konkret, trivial, prominent, Propaganda, Punkt, pur, vehement, undifferenziert, orientiert, Absolvent, solide – das sind Wörter lateinischen Ursprungs, die ganz selbstverständlich zu Ihrem Wortschatz gehören. Manche von ihnen wie »Punkt«, »pur« oder »solide« gehen einem so flüssig von den Lippen, daß man sie als Fremdwörter kaum wahrnimmt.

Wo sich die Verständniswege zwischen »Lateinern« und »Nicht-Lateinern« indes trennen, das ist die Fähigkeit, diese Fremdwörter auf ihren Ursprung zurückzuführen und sie damit bewußter zu verwenden. Oder, vorsichtiger formuliert, sie in bestimmten Situationen bewußter und sicherer verwenden zu können. Oder jedenfalls tieferen Einblick in ihre Bedeutung zu gewinnen, in ihre Aussagekraft und häufig auch ihre Anschaulichkeit.

So etwa beim »Auditorium«, das alle umfaßt, die das Gesagte »hören« (*audire*) können. Das »Referat« »bringt« Wissen an die Zuhörer »zurück« (*re-ferre*); genauer noch: »es soll berichten« und müßte deshalb eigentlich *réferat* betont werden (= 3. Person Singular Konjunktiv Präsens). »Prominent« kommt von *pro-minens*, »hervor-ragend«, »hervor-springend«. Wer das weiß, wundert sich vielleicht mehr über die Inflation angeblicher »Prominenter« und erst recht über die niedliche Wortschöpfung *Promis*. »Konkret« ist das, was »zusammen- gewachsen« ist (*con-crescere*) und sich damit zu etwas Gegenständlichem »verdichtet« hat. Bei »Pro-paganda« zeigt die Vorsilbe an, daß sich etwas dynamisch ausgedehnt, »weiter« ausgebreitet hat (*pro-pagare*). Der »Absolvent« ist jemand, der »sich von etwas gelöst« hat (*ab-solvere*). »Signalisieren« heißt ein Zeichen (*signum*) geben, und »un-dif-ferenziert« ist ein Urteil, das das Für und Wider zu wenig »auseinander trägt« (*dif-ferre*).

Der »Punkt« ist eigentlich der »Einstich«, das »kleine Loch« (von *pungere*, »stechen«), ein Gebilde mithin, das einen zeitlichen oder örtlichen »Stich-Punkt« und damit auch einen Einschnitt markiert. »Trivial« ist eine Sache, die zu einer Kreuzung »dreier Wege« (*tri-vium*) paßt: Sie ist jedermann zugänglich und damit nicht sehr anspruchsvoll und bedeutend.

Nicht alle der gerade erläuterten Begriffe wird man mit ein paar Jahren Schullatein erläutern können, weil die Ursprungswörter nicht zum Lernvokabular gehören. Aber doch die meisten – und solches Ableiten wird im modernen Lateinunterricht geübt. Oder sollte zumindest geübt werden. Alle Lehrbücher bieten jedenfalls entsprechendes Übungsmaterial an; und auch die Vokabel-Verzeichnisse führen die wichtigsten Fremd- und Lehnwörter an.

Was wird dadurch erreicht? Unzählige Nachdenk-Anlässe sowie kleine und große Erfolgserlebnisse, insofern sich einem die eigene Muttersprache ganz anders er- bzw. aufschließt. Man schaut hinter die Kulissen der normalen sprachlichen Fassade, dringt in die Geschichte der Sprache vor, sieht nicht nur das Gewordene, sondern verfolgt auch ihr Werden – und freut sich über diese Einblicke. Lernen wird durch Aha-Erlebnisse belohnt, und zwar nicht erst Jahre später wie bei anderen Lernzielen des Lateinunterrichts, sondern unmittelbar und konkret. Wer einmal bei Fünftklässlern den Aha-Effekt erlebt hat, den die erste Begegnung mit dem lateinischen Verb *videre* (»sehen«) bzw. dessen 1. Person Singular (*video*, »ich sehe«) auslöst, weil sich auf einmal das bis dahin ganz naiv und unreflektiert gebrauchte »Video« mit Anschauung und Sinn füllt, kennt die Motivationskraft, die von diesen *praktischen Anwendungen* des Gelernten ausgeht. Da wird schlaglichtartig klar, wozu Latein »gut ist«.

Elaborierte Texte: Je höher das Sprachniveau, um so »lateinischer« geprägt

Der zweite Gesichtspunkt, unter dem sich das Fremdwörter-Argument als tragfähig erweist, bezieht sich auf lateinischstämmige Ausdrücke, die in anspruchsvolleren Diktionen als der reinen Alltagssprache vorkommen. Als Faustregel gilt: Je niveauvoller oder »elaborierter« (von *elaboratus*, »ausgearbeitet«) ein Text ist, um so höher ist der Anteil an Fremdwörtern aus den alten Sprachen (bei deutlichem Übergewicht des Lateinischen).

Der Erziehungswissenschaftler K. Westphalen hat das an einem Leitartikel aus der »Zeit« nachweisen können. Seine Zusammenstellung unter dem Titel »Theo Sommers kleines lateinisches Lexikon« enthält eine Reihe von Begriffen, zu deren Verständnis Lateinkenntnisse, vorsichtig formuliert, nicht schaden können.

Westphalens Fazit: »Latein ist ein Medium anspruchsvoller Kommunikation«. Und das nicht nur im Deutschen: »Die Basissprache Latein stellt – in allen europäischen Sprachen – ein Arsenal von grundlegenden und zentralen Begriffen zur Verfügung, deren Gebrauch die jeweiligen Sprachteilnehmer befähigt, über geistig relevante Themen verständlich und verständnisvoll zu kommunizieren. Die Basissprache Europas richtet sich damit nicht primär auf konkrete Sachbegriffe und Handlungen, deren Kommunikation von der Alltagssprache geleistet wird, sondern auf elaborierte Konzepte und Prozesse, für welche sie das adäquate Sprachmaterial anbietet, und zwar umfassend in sämtlichen europäischen Sprachen.«

Das Zitat selbst liefert eindrucksvolle Belege für die These. Wobei man kritisch fragen könnte, ob da wirklich so viele »Latinismen« untergebracht werden mußten. Natürlich nicht! Aber die »böse« Welt – sie ist nun mal so. Und gerade wer bei Bildung auch den *praktischen* Nutzen im Auge hat, sollte dann eine höhere Schulbildung auch ganz pragmatisch daran ausrichten, daß das Lateinische diesen Schlüssel zur »bösen« abgehobenen Welt unnötig schwieriger Kommunikation bereit hält.

Kehren wir noch einmal zum Anfang des Kapitels zurück. Neben den »alltäglichen« Fremdwörtern finden sich dort auch einige Begriffe, deren Verständnis Nicht-Lateinern gewissermaßen harte Lernarbeit abverlangt (im Sinne reinen »Fremdwörter-Lernens«), während »Lateiner« deren Bedeutung mit Hilfe ihres Schullateins erschließen können. »Utilitarismus« zum Beispiel. Der Begriff stammt aus der Fachsprache der Philosophie und bezeichnet Lehren, bei denen das Nützliche die Grundlage des sittlichen Verhaltens bildet. Für »Lateiner« kein Problem: *utilis*, »nützlich«, gehört zu jedem Grundwortschatz (so daß man gleichzeitig weiß, daß Utensilien ein »nützliches Zubehör« sind).

Zweites Beispiel: »Validität«. Ein Begriff, der in einer Reihe von Fachsprachen – von Jura bis Psychologie – Verwendung findet, aber sicher nicht zum normalen Fremdwortschatz anderer (akademisch) Gebildeter gehört. Was gemeint ist, erschließt sich aber rasch aus dem lateinischen *validus* (»kräftig, stark«) oder dem Verb *valere* (»gesund, kräftig sein«) – weshalb im übrigen der In-valide einen »Nicht-Kräftigen«, »Kraftlosen« bezeichnet.

Schließlich »indigniert« – kein fachsprachliches Fremdwort, aber eines, das zu einer anspruchsvollen Ausdrucksweise gehört. Ein sozusagen vornehmeres »empört«; abgeleitet von *indignari*, »sich empören« – nämlich deshalb, weil man etwas für *in-dignum*, »un-würdig«, hält.

Wer die drei Beispiele für gesucht hält, weil sie die Argumentation des Autors stützen sollen, wird sich vielleicht eher von »schweren« Fremdwörtern überzeugen lassen, die man zwar ständig in der Zeitung liest, deren Bedeutung man aber manchmal nur »so ungefähr« kennt.

Konvergenz-Kriterien für den Euro: Da soll sich etwas »zusammen« in ein und dieselbe Richtung »neigen« (*con- vergere*). Karenz-Tage bei der Lohnfortzahlung: *carere* heißt »frei sein von etwas«, »nicht haben« – nämlich den Anspruch auf Bezahlung. Die Inkubationszeit einer Krankheit: wie lange sie »im (Körper) ruht«, bevor sie ausbricht (*in-cubare*, »drinnen liegen«). Kompatibilität: die Verträglichkeit, insofern man das »Zusammensein erduldet« (*com-pati*). Alle diese »modischen« Fremdwörter sollten auch noch Jahrzehnte nach dem lateinischen Schulunterricht erschließbar sein – vorausgesetzt, diese Anwendung von Lateinkenntnissen ist schon in der Schule ab und zu trainiert worden. Wo das nicht geschieht, liegt zweifellos ein Unterrichtsdefizit vor – von *deficere*, »mangeln«.

Nicht ohne meine Fremdwörter ... –
Latein als Bildungs-Ausweis

Ein letzter Rückblick auf die einleitenden Passagen. Dort sind zusätzlich zwei lateinische Redewendungen »eingebaut«, zu deren Verständnis der Nicht-Lateiner ein Wörterbuch oder eine sehr überdurchschnittliche Allgemeinbildung benötigt. Der *deus ex machina* ist ein Synonym für eine unerwartete Hilfe in einer ausweglos erscheinenden Notlage; der »Gott aus der Maschine« wurde in der antiken Tragödie mittels eines Krans auf die Bühne befördert, wenn der Konflikt dramaturgisch nicht anders zu lösen war. Sicher eine gewählte Ausdrucksweise (und deshalb stilistisch nicht mit dem saloppen »aus dem Ärmel zaubern« vereinbar – haben Sie, Hand aufs Herz, den Stilbruch mit Stirnrunzeln quittiert?) – aber doch keine auf elitäre Zirkel beschränkte!

Ähnlich das entschuldigende *sit venia verbo* (»dem Wort werde Verzeihung gewährt!«): Damit kann man sich für einen sprachlichen oder stilistischen Fauxpas selbst ganz bequem Absolution erteilen – und unter Hinweis auf seine »Latein-Bildung« gleich noch klarstellen, daß man diesen »Fehler« *bewußt* in Kauf nimmt: Das Deutsch vieler akademisch Gebildeter ist mit solchen lateinischen Redewendungen durchsetzt. Das muß nicht immer Ausdruck von Dünkel oder demonstrativer Betonung des eigenen Bildungsniveaus sein, sondern hat auch ganz objektive Gründe:

Die eingebürgerte lateinische Redewendung bringt die Sache oft knapper, treffsicherer und anschaulicher auf den Punkt als manch breite Ausführungen. Daß solche eingestreuten Zitate den eigenen Darlegungen vielfach natürlich auch besondere Würde und Autorität verleihen sollen, läßt sich nicht bestreiten. Das zeigt, ob's einem gefällt oder nicht, die nach wie vor hohe Wertschätzung des Lateinischen als »Gebildeten-Sprache« – aus der Sicht des Verfassers ganz gewiß kein zentrales oder rühmliches Argument pro Latein, aber eben doch ein Nebenprodukt des Latein-Lernens, das es ehrlicherweise schlicht festzustellen gilt.

Zumal die zunehmende Latein-Armut etliche Blüten zu treiben beginnt, die die Peinlichkeitsschwelle immer öfter zu überschreiten drohen. Wollen, ohne zu können – das geht nicht lange gut. Eine hämische oder arrogante Behauptung? Wenn das so wirkt, liegt es eher an der kommentierten Realität als an der Intention des Kommentierenden.

Gemeint ist der falsche oder zumindest sehr problematische Gebrauch mancher lateinischer Wörter oder lateinischstämmiger Fremdwörter, der auf schlichter Unkenntnis beruht. Interna dieser Unkenntnis gibt preis, wer diesen Begriff im Neutrum Plural seinem Gesprächspartner mit dem hübschen deutschen Plural-s als »Internas« zuraunt. Nie gehört? Achten Sie mal drauf!

Unter kräftiger Beihilfe der Amerikaner droht auch dem Visum ein ähnliches Schicksal. Immer häufiger hört man »das Visa«, obwohl Visum, »das Gesehene«, Singular und Visa der Plural für mehrere Sichtvermerke ist. Daß es englisch-amerikanisch *a visa* heißt, macht die Sache auch nicht richtiger.

Die einzigen, die neben Latinisten noch zusammenzucken, wenn *der* Virus bemüht wird, sind vermutlich Ärzte. Denn die haben mit Recht gelernt, daß das Wort ein Neutrum ist und es deshalb *das* Virus (»Gift«) heißen muß. Wenn von »intimsten« Bereichen die Rede ist oder von noch »extremeren« Anstrengungen – darf man dann noch erschaudern, weil hier Superlative (*intimus*, »der innerste«;

extremus, »der äußerste«) munter weiter gesteigert werden? Oder ist das mimosenhafte Erbsenzählerei in Sachen Sprachkultur? Wenn ja, dann aber bitte auch den noch »schönsten« Ausdruck »einzigst« durchgehen lassen!

Die absoluten (oder sogar »absolutesten«, nämlich »losgelöstesten«) »Haßwörter« für den Autor dieser Zeilen sind, er bekennt sich dazu, die Steigerungsformen zu »optimal«: »optimaler« und am »optimalsten«. Das ist es! Komparativ und Superlativ des Superlativs *optimus* (»der beste«): Bestestens!

Kommen wir schließlich zum »Optimieren«! Das ist der *shooting star* unter den lateinischstämmigen Fremdwörtern im letzten Jahrzehnt. Im Fremdwörter-Duden von 1966 noch gar nicht verzeichnet, ist es heute in aller Munde. In puncto Sprachrichtigkeit eine Gratwanderung: Wenn gemeint ist, etwas in den optimalen Zustand zu bringen, ist es weniger anstößig, als wenn es einfach nur »verbessern« heißen soll. Dann ist es schlicht genauso falsch wie das deutsche Äquivalent »verbesten«. Korrekt müßte es »meliorieren« heißen (von *melior*, »besser«). Gibt es nicht? Schauen Sie mal im Fremdwörter-Duden von 1966 nach (oder auch im brandneuen Normal-Duden)!

Verringsten oder verkleinsten? – Was einem Erfolg so alles zustoßen kann
Und was waren die ganzen Urteile wert? Sie haben weder den Gang der
Politik verändert, noch haben sie Kohls Erfolg einen Krümel minimiert.
(Peter Hintze, Generalsekretär der CDU, vermutlich unter redaktioneller
Mitarbeit des Magazins der »Süddeutschen Zeitung«, 27.2.1998)

»Praktisches« Latein: Bilde-Regeln für lateinischstämmige Fremdwörter

Genug der buchhalterischen(?) Klagen! Bevor der Sprach-Querulant zum Querulanden wird, wenden wir uns noch einmal Positivem zu, d.h. ganz praktischen Vorteilen, die die Kenntnis des Lateinischen in Sachen Fremdwörter mit sich bringt. Es geht abschließend nicht um Einzelwörter, sondern um Bilderegeln und strukturelle Hilfen.

Mit dem Wortspiel Querulant/Queruland sind wir mitten in der Materie. Tatsächlich gibt es ja nur den Querulanten. An dem Suffix (Bildesilbe am Ende eines Wortes) -ant oder -ent erkennt man im lateinischstämmigen Fremdwort stets den Täter oder Handelnden. Es gibt sich noch im Deutschen als das ursprüngliche Suffix des Partizips Präsens zu erkennen. *queri* heißt »sich beklagen«; ein Querulant ist folglich »ein sich Beklagender«. Daher auch der Demonstrant (*demonstrans*, »der Hinweisende«), der Dirigent (*dirigens*, »der Lenkende«), der Simulant (*simulans*, »der sich Verstellende«) oder der Patient (*patiens*, »der Leidende«).

Der Konfirmand dagegen handelt ausweislich seiner Endung nicht selbst, sondern mit ihm soll etwas geschehen; -and bzw. -end knüpfen an die lateinischen Gerundiv-Formen an, die ein passivisches Müssen ausdrücken. Der Konfirmand ist deshalb »der (im Glauben) zu Bestärkende« – und das kann er, wenn er die Kirche nach der Konfirmation verläßt, nicht mehr sein. Auch wenn Volkes Stimme es häufig anders verlauten läßt, ist er in diesem Augenblick ein Konfirmierter (vom Partizip Perfekt Passiv *confirmatus*, »ein Gestärkter«).

Daher ist der Examinand auch die bemitleidenswerte Person, die etwa durch einen Dozenten, einen »Lehrenden«, zu examinieren ist. Und ein Proband ist jemand, der auf die Probe gestellt werden soll (*probandus*, »ein zu Prüfender«). Der gute alte Name Amanda gehört zu einer Frau, die einfach »geliebt werden muß«. Demnach wäre der Queruland, gäbe es den Begriff, einer, über den – z. B. wegen des Verdachts sprachlicher Schulmeisterei – Klage geführt werden müßte.

-nt oder -nd? Wer in der Rechtschreibung solcher Wörter nicht ganz sicher ist, braucht nur auf die Bedeutung *zweier* lateinischer Suffixe zurückzugreifen – das erspart eine Menge an Einzel-Lernarbeit. Ziemlich ökonomisch und *praktisch*, nicht?

Andere Fremdwort-Suffixe signalisieren, welcher Wortklasse ein Begriff angehört. Auch hier haben sich die ursprünglichen lateinischen Suffixe nur wenig verändert. -at(um) bezeichnet eine abgeschlossene Handlung: Transplantat ist das »Über-pflanzte«; Derivat das »Abgeleitete«. Substantive auf -anz oder -enz gehen auf lateinisch -*antia* bzw. -*entia* zurück und geben eine Eigenschaft an. Intelligenz z. B. ist die Eigenschaft, »etwas einzusehen«, Demenz ziemlich genau das Gegenteil (*de-mentia*; Zustand, in dem »der Geist weg« ist).

Fremdwörter auf *-ment* entsprechen dem lateinischen Suffix *-mentum.* Sie geben ein Gerät oder Mittel an. Das Monu-ment ist ein Mahn-mal (von *monere*); ein Fundament ein Mittel zum »Gründen« (*fundare)*. -tor gibt den Täter an, und zwar im Unterschied zum »vorübergehenden« –nt den gewohnheitsmäßigen oder professionellen. Der Motor ist ein kontinuierlicher »Beweger«, der Autor und Rezitator sind sozusagen Profis des Literaturbetriebs. Im Französischen wird lateinisch *-(t)or* zu *-(t)eur*; daher der Gouverneur oder der Konstrukteur (von *gubernare*, »lenken«, und *construere*, »zusammenbauen«).

Ähnliche Regeln gibt es bei den Suffixen lateinischer Adjektiv-Fremdwörter. So bezeichnet z. B. -il (von *-ilis*) die Möglichkeit: stabil (»steh-fähig«), mobil (bewegungs-fähig«); -ös (von *-osus)* gibt eine Fülle an: muskulös, generös, monströs, infektiös.

Von den Suffixen zu den Präfixen, d. h. den Anfangs-Bildesilben. Auch hier erspart sich viel isolierte Fremdwörter- Paukerei, wer auf ein paar lateinische Grundbedeutungen zurückgreifen kann. Ad-häsion als »Aneinander-Haftung«, Kom-post als »Zusammengestelltes«, De-ponie als »Ab-lage«, In-serat als »Ein-fügung«, Trans-vestit als »Hinüber-kleider« oder op-ponieren als »entgegenstellen« – das Verständnis dieser und zahlloser entsprechender Begriffe ergibt sich problemlos aus der Kenntnis der lateinischen Vorsilben.

Auf die gleichen Präfixe, z. T. nur in leicht veränderter Schreibweise, stößt man auch im Englischen und in den romanischen Sprachen allenthalben; natürlich auch dort in der lateinischen Ursprungsbedeutung. Wieso hält sich eigentlich das hartnäckige Vorurteil, die Kenntnis des Lateinischen »bringe« einem keinen unmittelbaren praktischen Nutzen? Wenn das Deutsche rund 75% seiner Fremd- und Lehnwörter aus dem Lateinischen übernommen hat, so belegt Fremdwörter-Latein tausend- und abertausendfach das Gegenteil.

Wobei dieser Aspekt nicht der ausschlaggebende Grund dafür sein kann, die Basissprache Latein zu erlernen; wohl aber ein ebenso nützlicher wie angenehmer Nebeneffekt. Wer allerdings mit dieser Art von utilitaristischer Argumentation nicht behutsam umgeht, handelt entweder wider besseres Wissen oder aus Unwissenheit. Beides erscheint gleich peinlich – was im übrigen von lateinisch *poena*, »Strafe«, kommt und ein »sträfliches«, »bestrafenswertes« Verhalten bezeichnet.

9. Wer die Mutter kennt, versteht auch die Töchter eher – Latein und seine romanischen »Ableger«

Spanisch und Italienisch im Lateinunterricht

El mercador dice: »¿Vienes por el vino, Pedro?« – Pedro responde: »Sí, vengo por el vino. Mi padre no està contento con tu vino. Te digo: Si tú no das un buen vino a mi padre, pide a Dios por tu vida.«

Wem *das* jetzt spanisch vorkommt – der hat ganz recht. Es *ist* ein kleiner spanischer Dialog. Und wem das im Kontext *dieses* Buches im übertragenen Sinne spanisch vorkommt, der wird (hoffentlich) am Ende des Kapitels anders darüber denken.

Der spanische Dialog ist dem Übungsteil des Lehrbuches *Cursus novus*, eines der lateinischen Lehrwerke der jüngsten Generation, entnommen. Er steht dort in der Lektion 8. Und das heißt: Schüler, die ihre Vokabeln bis dahin einigermaßen ordentlich gelernt haben – ihre *lateinischen* Vokabeln, versteht sich –, haben keine oder nur geringe Mühe, diesen Text zu verstehen. Nach einem Vierteljahr Lateinunterricht können sie »so viel« Spanisch.

Vermutlich sind die meisten Leserinnen und Leser, deren Schulzeit schon einige Zeit zurück liegt, gerade dabei, ihre Lateinkenntnisse zu reaktivieren, um nicht hinter den Lateinanfängern der Lektion 8 zurückzustehen. Sie werden dabei die gleiche Erfahrung machen, die sie im Urlaub in Italien und Spanien, Frankreich und Portugal oft genug gemacht haben: Auch wenn sie die Landessprache nie gelernt haben, konnten sie sich in öffentlichen Verkehrsmitteln und im Restaurant, auf Werbeplakaten und selbst im Kleingedruckten von Mietwagen-Verträgen so manches zusammenreimen – oftmals so viel, daß sie zumindest verstanden, worum es im wesentlichen ging. Für diejenigen, die jetzt noch einige Verstehenslükken haben oder nie Latein gelernt haben, hier die Übersetzung: Der Kaufmann sagt: »Kommst du wegen des Weins, Peter?« Peter antwortet: »Ja, ich komme wegen des Weins. Mein Vater ist nicht zufrieden mit deinem Wein. Ich sage dir: Wenn du meinem Vater keinen guten Wein gibst, bitte Gott um dein Leben!«

Wie nah dieser spanische Text an seiner lateinischen »Vorlage« ist, mag die »Rückübersetzung« ins Lateinische zeigen – ein Latein, das Cicero verstünde, aber an einigen Stellen als recht plebejisch empfände (wie sicher auch manche Kollegen ...).

Mercator dicit: »Venis pro vino, Petre?« – Petrus respondet: »Sic est, venio pro vino. Pater meus non est contentus vino tuo. Tibi dico: Si bonum vinum patri meo non das, pete a Deo pro vita tua!«

Natürlich gibt es strukturelle Unterschiede zwischen den beiden Sprachen – z. B. daß Artikel und Personalpronomina im Spanischen hinzukommen –, aber das lexikalische Material weist doch verblüffende Übereinstimmungen auf. Und zwar gerade auch in einem Bereich, der nichts mit Tugenden und Militär, mit Philosophie und Gesetz zu tun hat: Der Dialog führt uns in die ganz normale Alltagswelt. Wer sich darüber wundert, daß das Lateinische seinen Tochtersprachen auch für diese »Niederungen« in üppiger Weise Wortmaterial zur Verfügung gestellt hat, erinnere sich daran, daß im großen Römischen Reich außer einem Caesar und einem Cicero, einem Seneca und einem Augustinus auch noch der eine oder die andere gelebt hat, die ihr Brot auf lateinisch gekauft, ihre Arbeitsanweisungen auf dem Bau oder am Marktstand in lateinischer Sprache empfangen und abends in der Kneipe lateinische Witze gerissen haben ...

Argwohn, da würden in modernen Lehrbüchern mühsam zusammengebastelte Texthäppchen in romanischen Sprachen verabreicht, um die sprachliche Kontinuität vom Lateinischen her zu »beweisen«, ist nicht angebracht. Sicher, solche Übungen sind auf das lateinische Vokabular abgestimmt, das die Schüler schon kennen. Aber das ist eine sachliche Notwendigkeit in jedem sich nur allmählich vollziehenden Spracherwerb, beileibe keine sachliche oder pädagogische Mogelpackung.

Wetterbericht auf den Azoren – auch ein Anwendungsgebiet von Lateinkenntnissen

Auch für anspruchsvollere Texte vor allem im Italienischen, Spanischen und Französischen liegt mittlerweile Unterrichtsmaterial in Fachzeitschriften und eigenständigen Publikationen vor. Seine Nutzung kann – und sollte – hin und wieder Abwechslung in den Lateinunterricht bringen. Angesichts knapper Zeit werden solche ausführlichen sprachvergleichenden Übungen die Ausnahme bleiben; doch ist insgesamt eine deutliche Tendenz festzustellen, dem Fortleben des Lateinischen in den romanischen Sprachen auch im schulischen Unterricht stärkere Beachtung zu schenken.

Und das mit gutem Grund. Zunächst einmal aus pädagogischer Sicht: Solche Anwendungsmöglichkeiten stärken die Lernmotivation. Jedem Schüler wird in diesem Rahmen klar, daß er mit seinen Lateinkenntnissen etwas »anfangen« kann. Von wegen »tote« Sprache! – da lebt doch vieles quicklebendig in der Gegenwart fort! Aktualität ist als Motivationsfaktor nicht zu unterschätzen.

Zugleich wird durch das Beobachten und Entdecken sprachlicher Bezüge, in bescheidenem Umfang vielleicht auch von Regeln (etwa franz. *circonflexe* als »Ersatz« für latein. -s-: *bestia* wird zu *bête*) gewissermaßen ganz nebenbei ein Methodentraining betrieben, das auch in der »Wirklichkeit«, nicht nur in der bewußten Lernsituation, ein rascheres Erfassen eines fremdsprachlichen Begriffs erlaubt: *pluie* im Teletext-Wetterbericht an der Côte d'Azur verspricht offenbar ebensowenig Gutes wie *tempestade* auf den Azoren (*pluvia*, »Regen«; *tempestas*, »Sturm«). Und wer sich in Mailand nach Pop-Konzerten erkundigen will, wird in der Zeitung unter der Rubrik *spettacoli* nachschauen (*spectaculum*, »Schauspiel«).

Italienisch am Klavier mit Latein im Kopf

Wie man die Tasten behandeln soll:

amabile	*von amabilis*	*lieblich*
cantabile	*von cantabilis*	*wie beim Gesang*
dolce	*von dulcis*	*süß*
feroce	*von ferox*	*wild*
grave	*von gravis*	*schwer, getragen*
con dolore	*von cum dolore*	*mit Schmerz*

rustico	von rusticus	bäuerlich
vivo, vivace	von vivus, vivax	lebendig, voll Leben
crescendo	von crescere	wachsen, stärker werden
forte	von fortis	kräftig

»Europa-Kompetenz« durch Latein

Ohne daß es lehrerhaft aufdringlich oder schwärmerisch-ideologie-verdächtig daher käme, wird auch historisches Bewußtsein – und zwar *europäisches* Bewußtsein – durch solche Einsichten in sprach-liche Zusammenhänge gefördert. Ebenso wie die Sprachen haben auch die Menschen ihre Geschichte, und ebensowenig wie die Spra-chen ihre Wurzeln kappen können, können die Menschen ihrer Ge-schichte »entgehen« – sie sind von ihr mitgeprägt.

Wobei gerade in puncto Sprach-Tradition nicht das Beschrän-kende, Festlegende im Vordergrund steht, mit dem jede Tradition natürlich auch den Freiheitsspielraum des Individuums einengt: Sprachen sind Brücken zwischen den Menschen und den Völkern. Und das Lateinische ist ein besonders stabiles Fundament, weil es eine Vielzahl solcher Brücken trägt. Im Verhältnis zwischen dem Lateinischen einerseits sowie seinen Tochtersprachen und den von ihm stark beeinflußten germanischen Sprachen andererseits spiegelt sich das Wesen Europas: Die Vielfalt in der Einheit. Die sprachliche Mutter verkörpert diese Einheit, ihre Töchter und Stieftöchter die Sonderwege, die sie im Laufe der Zeit eingeschlagen haben.

In Sonntagsreden werden Politiker aller Couleur nicht müde, für die stärkere Entwicklung eines europäischen Bewußtseins einzutre-ten. Unsere Zukunft heißt Europa!, tönt es von den Redner-Podien herab, und manch einer ist frustriert, daß die Bürger seine gutge-meinten Appelle als hohles Sprücheklopfen oder professionelle Phrasendrescherei schlicht ignorieren. Da könnte ab und zu eine Unterrichtsstunde, in der geschichtliche Tradition an der Verwandt-schaft der europäischen Sprachen – Mutter-, Töchter-, Schwester- und Schwiegertochter- Beziehungen – *konkret* erfahrbar wird, mög-licherweise mehr bewirken. Durch solche *selbst erworbenen* Ein-sichten wächst Europa in den Köpfen gerade auch junger Menschen vermutlich eher zusammen als durch rhetorische Pflichtübungen oder die Schilderung persönlicher europäischer Aufbruchserfahrungen aus der Nachkriegszeit von seiten »alter Männer«.

Stellt sich nicht trotzdem das Erlernen einer »toten« Sprache als Umweg dar, als Barriere, die der zweiten modernen Sprache im Wege steht?

Vernetzung braucht ein solides Fundament

Selbst wenn man von den anderen Leistungen absieht, die das Lateinische in der Arbeitsteilung schulischer Bildung vollbringt – etwa in seiner Funktion als »Reflexionssprache« (vgl. S. 23 ff.) –, ist die Frage gar nicht so eindeutig zu beantworten, wie es auf den ersten Blick scheinen mag. Es gehört zu den unheilvollsten Strukturen des gymnasialen Bildungsgangs, daß er für die meisten Schüler eine scharfe Konkurrenz-Situation zwischen Französisch und Latein schafft. Wenn die Frage der zweiten Fremdsprache ab der 7. Klasse sich stellt, stehen auf Informationsabenden Latein- und Französisch-Lehrer einander vielfach wie Matadore gegenüber, die für »ihr« jeweiliges Fach mehr oder minder geschickt kämpfen.

Der Eindruck, der da mitunter – man kämpft mit harten Bandagen, man muß sich profilieren, man will den Abend »gewinnen« – bei Schülern und Eltern erweckt wird: Es besteht eine unversöhnliche Gegnerschaft zwischen den beiden Positionen; pro Latein heißt contra Französisch, und pro Französisch heißt contra Latein. Gewiß, es gibt in Klasse 7 einen Sachzwang zur Entscheidung. Die fatalen Langzeit-Wirkungen eines polemisch zugespitzten Schlagabtausches können aber darin bestehen, daß sich ein grundsätzlicher, geradezu ideologisch überhöhter Entweder-Oder-Eindruck festsetzt.

Und das ist so ziemlich das Unsinnigste, was sich in dieser Frage denken läßt. Sachangemessen kann die Alternative nur heißen: Welche Sprache zuerst? Und da ist Latein aus zahlreichen Gründen im Vorteil. Was in anderen Bereichen einleuchtet, sollte auch hier gelten: Zuerst das Fundament, dann der Aufbau. Ist das Fundament eines Hauses gegossen, kann über die weitere Gestaltung des Baus und die Zahl der Stockwerke noch später entschieden werden. Wobei *alle* romanischen Sprachen als Stockwerke oder weitere Bausteine in Frage kommen. Die starke Spezialisierung in den Naturwissenschaften setzt Grundlagen-Wissen voraus. Grundlagen-*For-*

schung mag nicht so spektakulär, anwendungsbezogen und profitabel sein, aber ohne sie ruht jede Weiterentwicklung auf brüchigem Fundament. Im Bereich des Spracherlernens heißt die »Grundlagen-Forschung« nun einmal Latein.

Muß man erst die Mutter kennenlernen, wenn man mit der Tochter vertrauter werden will? Man *muß* nicht; aber hilfreich ist es allemal. Und es ist sicher ökonomischer, sich mit ihr als mit den Schwestern der Tochter bekannt zu machen. Im Klartext: Die *Ursprungssprache* zu kennen, ist ein direkterer, natürlicherer Einstieg in das Lernen einer Tochtersprache, als aus der Kenntnis einer Tochtersprache heraus eine zweite Tochtersprache zu erlernen.

Back to the roots!, empfiehlt der Lateiner. Latein als Hemmschuh auf dem Wege zum mehrsprachigen Europa-Bürger, weil die alte Sprache zuviel geistige Energie und Zeit bindet, die man besser in das direkte Erlernen einer romanischen Sprache investieren sollte? Möglicherweise wird genau umgekehrt ein Schuh daraus. Vielleicht liegt es ja gerade am Rückgang von Lateinkenntnissen, am Bröckeln des Fundaments, an der mangelnden Lust an der Solidität, daß die aktuellen Fremdsprachenkenntnisse deutscher Studenten als »miserabel« einzustufen sind (so die »Süddeutsche Zeitung« vom 10./11. 1. 98). Wer keine Grundlage hat, weiß nicht, woran er sich festhalten soll – eine Form der Orientierungslosigkeit, die unproduktiven Leerlauf, unökonomische Energieverschwendung und jede Menge Frustration zur Folge hat.

Alle Welt redet heute davon, wie wichtig die Vernetzung von Kenntnissen sei. Im Lernbereich Sprache leisten wir uns allerdings den Luxus, ziemlich genau das Gegenteil davon zu tun. Statt vom soliden Kern auszugehen, statt Wissen vom Ursprung her aufzubauen und aufzufächern, spenden wir fasziniert dem Zerfasern Beifall – und wundern uns noch darüber, wie wenig bei diesem unsystematischen Ansatz herauskommt.

Zugang zu einem 600-Millionen-»Sprachen-Markt« – dank treuer Töchter

Unsere These heißt nicht: Durch die Kenntnis des Lateinischen fallen einem die romanischen Sprachen gewissermaßen in den Lern-

Schoß. Dafür hat sich in der Aussprache und auch der grammatischen Struktur zuviel verändert. Erhebliche Erleichterungen aber liegen im lexikalischen Bereich. Da dient das Lateinische tatsächlich als enormes Lern-Reservoir, aus dem man bequem schöpfen kann.

Im Rahmen dieses Buches kann das nicht im einzelnen nachgewiesen werden. Besonders Interessierte seien auf Carl Vossens schönes Buch »Mutter Latein und ihre Töchter« verwiesen – einen ebenso informativen wie unterhaltsamen »Klassiker« für diese Zusammenhänge. Vossen zeigt sehr anschaulich auf, wie sich die großen romanischen Sprachen (und auch ein paar weniger bekannte wie das Rätoromanische oder das Ladinische) allmählich aus der Sprache der einfachen Leute, dem Vulgärlatein, entwickelt haben und durch welche anderen Faktoren ihre Herausbildung und ihre jeweilige Eigenart bestimmt worden sind.

Aus Vossens reichem Material seien einige statistische Angaben herausgegriffen. Das Italienische ist die romanische Sprache, die dem Lateinischen am nächsten steht. Von den 8000 gängigsten italienischen Wörtern haben nicht weniger als ein Fünftel die lateinische Schreibweise ohne Modifikation bewahrt. Von den 200 häufigsten Verben wird rund die Hälfte noch exakt so geschrieben wie zur Zeit des Kaisers Augustus. Hier und da hat es Bedeutungsverschiebungen gegeben, aber im großen ganzen hat, wer das lateinische Verb kennt, keine Probleme, auch das entsprechende italienische zu verstehen.

Das Französische ist die Tochter, die der Mutter, im Vergleich mit ihren Schwestern gesehen, am entferntesten steht. Trotzdem haben 360 von 2000 Vokabeln des Grundwortschatzes getreu ihren lateinischen Stamm bewahrt; das sind immerhin an die 20%. Für den, der ein paar Gesetzmäßigkeiten der lautlichen und orthographischen Veränderung kennt, steigt die Prozentzahl der ihm unmittelbar aus dem Lateinischen zugänglichen Wörter steil an.

Das Spanische ist eine sehr treue Tochter: Sie hat über ein Viertel der Wörter des Grundwortschatzes unverändert von den lateinischen Stämmen der Mutter bewahrt; an die 27%. Ähnlich das Portugiesische, das ja ebenso wie das Spanische als Muttersprache nicht auf die beiden Stammländer beschränkt ist, sondern eine erheblich größere Anzahl von *native speakers* in Übersee, vor allem in Brasilien, aufweist. Gleichzeitig mit diesen beiden Weltsprachen hat auch das Lateinische seinen Einfluß-Radius sozusagen noch einmal ausgedehnt – weit über die Grenzen des Römischen Reiches der Antike hinaus: Die Bezeichnung »Lateinamerika« bringt diesen aus römischer Sicht völlig unerwarteten Triumph auf den Punkt.

Als letzte der »großen« Töchter das Rumänische. Obwohl Rumänien nach dem Untergang des Römischen Reiches sehr stark in den slavischen Kulturkreis einbezogen war – bis in die zweite Hälfte des 19. Jh. schrieb man dort fast ausschließlich in kyrillischen Buchstaben –, hat sich das lateinische Fundament als überraschend stabil bewährt. Der gesamtlateinische Anteil am Wortmaterial liegt bei fast zwei Dritteln. Ein Drittel davon sind echte lateinische Erbwörter, die sich trotz starker Fremdeinflüsse gehalten haben. Zählt man die später gebildeten Latinismen hinzu, so erreicht der Anteil lateinischstämmiger Wörter im modernen »Zeitungs«- oder »Radio«-Rumänisch über 90% aller Vokabeln.

Die Beharrungskraft der Grundsprache ist enorm – dieser Schluß ergibt sich zwingend aus den spröden statistischen Angaben. Ein Eindruck, der eher bestärkt als relativiert wird, wenn man sich mit den Sprachen selbst beschäftigt. Die Mutter prägt ihre Töchter nach wie vor ganz erheblich. Ihre Kenntnis bildet deshalb noch heute ein solides Fundament, das den Zugang zu einem »Sprachen-Markt« erleichtert, dem fast 600 Millionen Menschen angehören.

Wer immer noch skeptisch ist, mache, sofern er Latein gelernt hat, beim nächsten Urlaub in einem romanischen Land die Probe aufs Exempel. Oder erkundige sich, wenn er selbst über keine Lateinkenntnisse verfügt, im Bekannten- und Freundeskreis. Auch diejenigen, deren Lieblingsfach das Lateinische nicht war (und davon gibt's viele!), werden bestätigen, wie hilfreich die »strenge« Mutter bei der Annäherung an eine oder mehrere ihre Töchter ist.

In ein etwas despektierliches Bild hat das ein Spötter des 17. Jh., der Jesuit Jakob Balde, gefaßt: »Würde Rom vom Spanischen oder Französischen die entliehenen Federn zurückfordern, so müßten diese Sprachen wie nackte Krähen dastehen«.

Oder, im Falle des Französischen, eher wie ein arg gerupfter Hahn.

10. Englisch – eine überraschende »Stieftochter« des Lateinischen

Wenn der Englisch-Wortschatz von Anglistik-Studenten beschränkt ist ... – liegt's an ihren Latein-Defiziten!

»Der Verzicht auf Lateinkenntnisse – seitens der Lehrenden wie der Lernenden – wird nämlich teuer erkauft: durch ein Weniger an Sprachbeherrschung, eine Verminderung der wissenschaftlichen Kritikfähigkeit und eine Behinderung der wissenschaftlichen Innovation.«

Daß hier von einem »lateinlosen« *Anglistik*-Studium die Rede ist, ergibt sich auf Anhieb wohl nur durch die Überschrift des Kapitels. Zu überraschend wird hier für eine – vermeintliche – »Konkurrentin« unter den Schulsprachen geworben. Die zweite Überraschung: Es handelt sich bei dem Zitat nicht um den Auszug aus einer vollmundigen Werbebroschüre des Deutschen Altphilologen-Verbandes, sondern um ein Statement von Hans-Jürgen Diller, Ordinarius am Englischen Seminar der Ruhr-Universität Bochum aus dem Jahre 1984.

Dillers Stellungnahme erscheint recht hart. Sie attestiert all denen, die ein Englisch-Studium ohne Lateinkenntnisse betreiben, ein erhebliches Manko an Wissenschaftlichkeit. Es gelingt dem Verfasser indes, seine Thesen überzeugend zu beweisen – was schlicht mit der Sachstruktur seines Themas zu tun hat: Bei näherem Hinsehen läßt sich einfach nicht bestreiten, daß die englische Sprache und Literatur durch und durch lateinisch eingefärbt sind. Folgen wir Dillers Argumentation in den wesentlichen Punkten.

Das »Weniger an Sprachbeherrschung« ergibt sich aus der Tatsache, daß je nach Textsorte bis zu 80% des englischen Wortmaterials direkt oder indirekt aus dem Lateinischen übernommen ist. Je anspruchsvoller ein Text ist, um so höher ist der Prozentsatz lateinischstämmiger Wörter – wobei er selbst bei umgangssprachlichen Texten an die 50% heranreicht. Die von ihm beobachtete »Dürftigkeit und Ungenauigkeit des Wortschatzes vieler Studenten« führt Diller auf folgende Tatsache zurück: Viele zusammengesetzte englische Wörter sind so komplex, daß das »Einzellernen« solcher Ausdrücke erheblich größere Mühe bereitet, als wenn man sie mit Hilfe eigener Lateinkenntnisse ableiten kann. Als konkrete Beispiele nennt Diller u. a. *animadversion* (»Rüge«, von *animadvertere*, »einschreiten gegen«), *belligerent* (»kriegführend«, von *bellum* und *gerere*, »Krieg führen«), *tergiversation* (»Ausflucht, Winkelzug«, von *tergum vertere*, »den Rücken zuwenden, fliehen«) und *ventriloquist* (»Bauchredner«), von *venter* »Bauch« und *loqui* »sprechen«).

»Weniger an Sprachbeherrschung« aber auch daher, daß die internationale Wissenschaftssprache zwar Englisch ist, dieses Englisch sich aber aus zahlreichen künstlichen Neubildungen aus dem Lateinischen speist, die z. T. noch in keinem Wörterbuch stehen. Das betrifft die Medizin und die Ingenieurwissenschaften, die Naturwissenschaften und die Informatik. Wer auf das lateinische Fundament dieser neuen Terminologien zurückgreifen kann, erspart sich eine Menge aufwendiger Lernarbeit. Dillers Fazit gilt in diesem Punkte keineswegs nur für Englisch- Studenten: »Lateinkenntnisse sind also auch für denjenigen von erheblichem Vorteil, der nichts weiter will, als den aktuellen Entwicklungen des heutigen Englisch auf den Fersen zu bleiben.«

Latein als Schlüssel zu wissenschaftlicher Kritikfähigkeit

Zum Punkte »Verminderung der wissenschaftlichen Kritikfähigkeit«. Das betrifft vor allem die Tatsache, daß große Teile der englischen Literatur – vom elisabethanischen Drama bis zu den historischen Romanen des 19. und 20. Jahrhunderts – auf lateinischen Vorbildern und Quellen beruhen. Natürlich sei es statthaft, räumt Diller ein, in solchen literaturgeschichtlichen Fragen auch Übersetzungen aus dem Lateinischen zu Rate zu ziehen. Wer diese allerdings nicht im Original überprüfen könne, sei ihnen auf Gedeih und Verderb ausgeliefert und stehe überdies den lateinischen Zitaten in der Fachliteratur hilflos gegenüber – mit wissenschaftlicher Arbeit habe das wenig zu tun: Ein Argument, das für sämtliche europäischen Philologien und darüber hinaus für die Geschichte, die Philosophie und die Theologie in ganz besonderer Weise gilt.

Die Einschränkung der wissenschaftlichen Kritikfähigkeit speziell bei Anglisten bezieht sich indes auch auf die Stilistik zentraler Autoren wie Shakespeare und Milton. Deren Stil orientiert sich nämlich stark an den Mustern lateinischer Rhetorik. Wer das »Konstruieren« vom langjährigen Lateinunterricht her gewöhnt ist, kommt, so Diller, mit diesen schwierigen Autoren besser zurecht – und braucht sich die rhetorischen Elemente dieser Sprache auch nicht aus zweiter Hand anzueignen. Schulung im Erkennen und Interpretieren von Stilmitteln, wie sie der lateinische Lektüreunterricht vermittelt (s. Kap. 12), ersetzt auswendig gelerntes Handbuchwissen.

Das mag sich für alle, die mit der jahrhundertelangen starken Beeinflussung der europäischen Nationalliteraturen durch die antike, speziell die lateinische Literatur nicht vertraut sind, recht akademisch anhören. Wenn aber das Gymnasium zur Hochschulreife führen und die Universität in den Geisteswissenschaften wirklich wissenschaftlich ausbilden soll, dann wird man gut daran tun, das entsprechende Latein-Fundament schon auf der Schule zu legen, um nicht von vornherein die Weichen zur akademischen Schmalspur-Ausbildung zu stellen. Nur so lassen sich die Sätze verstehen, mit denen Diller sein Latein-Plädoyer für Anglisten abschließt: »Für den ›Nicht-Lateiner‹ kann die umfassende wissenschaftliche Beschäftigung mit englischer Sprache und Literatur frühestens im 18. Jh. beginnen. Das wäre ungefähr so, als wollte man sich in der Geographie auf Europa beschränken.«

Eine germanische Sprache mit 80% lateinstämmigem Vokabular – Phasen eines Stieftochter-Werdegangs

Daß die Kenntnis des Lateinischen nicht nur für Anglistik-Studenten ein außerordentlich nützliches Reservoir zur Erweiterung und Verankerung englischen Vokabulars darstellt, läßt sich mit dem hohen Anteil lateinischstämmiger Wörter im Englischen beweisen. Dieses Faktum ist vielen nicht bekannt; der Hinweis darauf, mehr als zwei Drittel des gesamten englischen Wortmaterials, unter Einbeziehung der wissenschaftlichen Fachsprachen sogar an die 80%, stammten aus dem Lateinischen, erregt häufig ungläubiges Staunen. Gewiß, bei den romanischen Sprachen sei das klar, aber beim Englischen? Das sei doch schließlich eine *germanische* Sprache!

Im Grundsatz ist das richtig, was den Ursprung der Sprache angeht. Tatsächlich aber hat sich das Englische zu einer ausgesprochenen Mischsprache entwickelt, weil es in den letzten zwei Jahrtausenden gewissermaßen von mehreren Latein-Wellen überspült worden ist. Erstaunlich, daß die erste Phase des lateinischen Einflusses, die Zeit der römischen Besetzung Britanniens zwischen ca. 80 und 410, relativ geringe Spuren hinterlassen hat. Sie sind besonders in Ortsnamen auf *-wich* (Greenwich, Ipswich; von *vicus*, »Dorf«) und *-chester/cester* (Colchester, Winchester, Gloucester; von *castra*, »Lager«) faßbar.

In einer zweiten Phase – seit dem späten 4. Jahrhundert – übernahmen die Angelsachsen Wortgut von den Galliern, das sich besonders auf die Bereiche Handel, Verkehr und Wirtschaft bezog. Mit der Christianisierung Englands seit 597 übernahm das Altenglische zahlreiche Begriffe in den kulturellen »Domänen« Schule, Kirche, Wissenschaft und Institutionen von den römischen Missionaren; und über das rein lexikalische Material hinaus eine Reihe typischer syntaktischer Strukturen aus der lateinischen Gebildeten-Sprache.

Den folgenschwersten Latein-»Einbruch« in das germanische Englisch löste die normannische Eroberung Englands unter William the Conqueror nach der Schlacht von Hastings im Jahre 1066 aus. Rund dreihundert Jahre lang wurde das sog. Anglonormannische, ein französischer Dialekt aus der Normandie und der Picardie, zur Sprache des Hofes, der Verwaltung, der Gerichtsbarkeit und des Parlaments. Die Sprache der Oberschicht hinterließ, auch wenn das einfache Volk weiterhin Angelsächsisch sprach, tiefe Spuren auch im Normal-Englisch. Die Zweiteilung der damaligen Gesellschaft spiegelt sich u. a. in einem – nur auf den ersten Blick – kurios anmutenden sprachlichen Befund. Solange sie von den angelsächsischen Bauern aufgezogen wurden, behielten Nutztiere ihre angestammte englische Bezeichnung (*cow/ox, swine, calf, sheep*). Sobald sie als Braten auf den Tischen der anglonormannischen Oberschicht landeten, erhielten sie französische Bezeichnungen lateinischen Ursprungs (*beef, pork, veal, mutton*; von *bos, porcus, vitellus* und mittellateinisch *multo*). Insgesamt wurden in der mittelenglischen Sprachperiode rund 10000 Wörter lateinischen Ursprungs übernommen, von denen heute noch 75% in Gebrauch sind.

Auch wenn es sich dabei nicht um direkte Übernahmen aus dem Lateinischen handelt, sondern um mittelbare Einflüsse auf dem »Umweg« über einen französischen Dialekt, wurde doch in dieser Zeit der Grund dafür gelegt, daß man Englisch mit Fug und Recht als Stieftochter des Lateinischen bezeichnen kann.

Latein – auch für englische Muttersprachler eine Hilfe
To know Latin enables you to see the exact meaning of many English words, to get the full flavour of them; they take on a new interest and clearness. (...) If you come across ›unilateral‹ you see that it is from unus, one, *and* latus, lateris, *a side, and so means simply one-sided.* ›Aborigines‹ *is from* ab, from, *and* origo, originis, *origin;* ›those, who have been there from the beginning‹. If you know that* ubique *means everywhere, then* ›ubiquitous‹ *is easy.* Fac, do, and* totum, all, *adds up to factotum, the man of all jobs. Latin helps a lot with the longer words ...*

(E. Passer, Learn a little Latin, London 1954, S. 31)

Lateinische Präfixe, Suffixe und Grundwörter – Das Erfolgsrezept englischen Sprachausbaus

Geradezu sanktioniert wurde diese Verwandtschaft durch die riesige Menge an direkten und indirekten Übernahmen lateinischer Wörter im Gefolge von Renaissance und Humanismus im 15. und 16. Jh. In dieser Epoche wurde die englische Sprache geradezu latinisiert. In allen Bereichen von Kunst und Wissenschaft griff man begierig auf das lateinische Reservoir zurück, um das eigene Vokabular zu bereichern. Als besonders fruchtbar im Sinne der Wortvermehrung erwiesen sich lateinische Präfixe (Vorsilben) wie *co-, de-, dis-, ex-, extra-, in-, intra-, per-, post-, pre-, pro-, re-, retro-, sub-, super-, trans-, ultra-* und Suffixe (Nachsilben) wie *-al, -ate, -ation, -(i)ty, -ment, -ance, -bilis, -ble*. Diese Elemente sind geniale Bausteine, mit denen sich aus relativ wenigen Grundwörtern Dutzende, z. T. Hunderte von Zusammensetzungen konstruieren lassen. Anspruchsvolle englische Texte zeichnen sich durch eine Fülle solcher »Wortmontagen« aus. Wohl dem, der die lateinischen Grundbedeutungen und Formationsprinzipien kennt: Stößt er – etwa bei der Lektüre natur- oder ingenieurwissenschaftlicher Publikationen – auf entsprechende Ausdrücke, kann *er* auf den Blick ins Wörterbuch verzichten. Grundlegende Lateinkenntnisse erschließen ihm »neue« englische Wörter in einem Bruchteil der Zeit, die der »lateinlose« Leser dafür aufwenden muß.

Die Tendenz des Humanismus, lateinische Wörter und Bildesilben ganz konsequent und ohne jede Berührungs- und Überfremdungsangst zum sprachlichen Ausbau des Englischen zu nutzen, setzt sich in der modernen englischen Wissenschaftsterminologie fort. Englisch hat ja in vielen Disziplinen die Nachfolge des Lateinischen als internationale Sprache der Wissenschaft angetreten, aber es ist ein stark latinisiertes Englisch, das zur Prägung neuer Begriffe mit Vorliebe auf lateinische (in geringerem Umfang auch auf griechische) Wörter zurückgreift. »Der Engländer«, so beschreibt der Sprachwissenschaftler W. Jungandreas dieses Phänomen, »hat die Vorstellung, der gesamte lateinische Vokabelschatz ... sei jederzeit in seiner Sprache verwendbar. (...) Braucht er ein neues Wort, dann bildet er es nicht aus dem heimischen Wortgut, sondern anglisiert einfach ein lateinisches oder formt eines in hergebrachter Weise neu aus einem lateinischen Grundwort mit einer lateinischen Endung.« Und eben nicht nur »der Engländer«, sondern auch »der« – wissenschaftlich tätige – Amerikaner ...

Auch Begriffe können ein Doppelleben führen ...

Kommt die Abkürzung ›e.g‹ in einem Text vor, liest man das als ›for example‹ – obwohl es »exempli gratia« heißt. Weitere Beispiele:

i.e.	*id est*	*that is*
p.m.	*post meridiem*	*after noon*
cf.	*confer*	*compare*
lb.	*libra(e)*	*pound(s) in weight*
etc.	*et cetera*	*and so on*
ob.	*obiit*	*died*

Schon diese knappen Ausführungen dazu, wie und mit welcher Intensität und Bereitwilligkeit sich das Englische als Stieftochter des Lateinischen entwickelt hat – und sich ohne Scheu dazu bekennt! – machen klar: Es ist auch vor diesem Hintergrund unsinnig und ausgesprochen ignorant, die beiden Fundamentalsprachen des Gymnasiums gegeneinander ausspielen zu wollen. Es geht nicht um ein Entweder-Oder, sondern um ein Sowohl-Als auch. Der einzige strittige Punkt kann sein, in welcher Reihenfolge die beiden Sprachen erlernt werden. Dabei stellt das Lateinische auf jeden Fall einen soliden sprachlichen Fundus bereit, der beim Erlernen des Englischen hilft, indem er viel Einzel-Lernarbeit erspart – nicht dem, der sich am Piccadilly Circus *fish and chips* kauft, wohl aber dem, der englische Zeitungen und Literatur liest und sich mit technischem und wissenschaftlichem Schrifttum in englischer Sprache beschäftigen muß.

Englisch im Lateinunterricht? – Aber sicher!

Die Latein-Didaktik berücksichtigt die engen Bezüge zwischen den beiden Sprachen schon lange. Die Übungsteile und Vokabularien moderner Latein-Lehrwerke enthalten einschlägiges Arbeitsmaterial. Das bezieht sich vorwiegend auf lexikalische Hinweise: Die englischen Wörter, die von den lateinischen Vokabeln abstammen, werden jeweils aufgelistet. Daß das in manchen Fällen auch dazu führt, daß Schüler die *lateinische* Vokabel besser über eine schon gelernte englische behalten, wird dabei gern in Kauf genommen: So pingelig pochen die Lateiner keineswegs auf ihr *ius primi verbi*.

Neben diesen lexikalischen Parallelen, die das Lernen und Behalten lateinischer und englischer Vokabeln gegenseitig stützen, bietet der Lateinunterricht aber hier und da auch die Chance, wichtige grammatische und syntaktische Strukturen der englischen Sprache gründlicher zu behandeln, als das im Englischunterricht häufig der Fall ist. Was nicht als Kritik an der Englisch-Didaktik mißverstanden werden sollte, die umfangreiche strukturelle Grammatik- Erörterungen aus gutem Grund weniger favorisiert als der Lateinunterricht. Der bekennt sich ja zur »Reflexionssprache« Latein (s. Kap. 4) und zur ausdrücklichen Thematisierung grammatischer Gegebenheiten. In diesem Rahmen kann er manche Konstruktionen des Englischen, die aus dem Lateinischen übernommen worden sind, mitbehandeln und ihr Wesen den Schülern verdeutlichen.

So zum Beispiel den Unterschied zwischen aci und acp-Konstruktion: *Audio te dicentem – I hear you speaking*: Akkusativ mit Partizip zur Betonung des *Vorgangs* (ich höre, *wie* du sprichst). Im Unterschied dazu *audio te dicere – I hear you speak*: Akkusativ mit Infinitiv, um die *Tatsache* zu betonen (ich höre, *daß* du sprichst).

This done we went home. Weather permitting I'll visit you. Was sind das eigentlich für Konstruktionen? Viele Schüler – vielleicht auch manche Lehrenden – sind hier überfragt. Sie benutzen diese Ausdrucksweisen , haben sie aber noch nie grammatisch reflektiert. Ein Vergleich mit dem Lateinischen macht klar: *hoc facto domum iimus* – das ist ein *ablativus absolutus*. Auch im Englischen gibt es also solche absoluten Partizipialkonstruktionen, die sich auf kein Satzglied beziehen! – auch das ein Erbe von der lateinischen »Stiefmutter«.

The art of reading books carefully is difficult – ars libros attente legendi difficilis est. Der Satz enthält gleich zwei Möglichkeiten zum Sprachvergleich, bei dem Englisch und Latein sich sehr einig sind »gegen« das Deutsche. Zum einen das *gerund*, die Form auf *-ing*, deren Bezeichnung noch an ihren Ursprung, das lateinische Gerundium, erinnert: ein Verbalsubstantiv, für das im Deutschen meist ein Infinitiv eintritt (»die Kunst, Bücher zu lesen«). Zum anderen die Bildung des Adverbs: Im Englischen und Lateinischen wird diese Wortart durch ein spezielles Suffix signalisiert (*careful-ly; attent-e*), im Deutschen dagegen unterscheidet sich das Adverb in seiner Form nicht vom Adjektiv (»aufmerksam«).

Solche sprachvergleichenden Beobachtungen gehören in den Lateinunterricht. Er kann, wenn er gelegentlich fächerübergreifend auch englische Beispiele in den Blick nimmt, nicht nur einen erheblichen Beitrag dazu leisten, Sprachstrukturen des Deutschen klarzumachen, sondern Schülern auch einen vertieften Einblick in das grammatische System des Englischen vermitteln – im ganzen eine lohnende sprachliche Dreiecksbeziehung, deren Chancen vielleicht noch nicht immer hinreichend genutzt werden.

Wichtiger als diese grammatische Dimension ist indes das gewaltige lexikalische Material, das im Bereich der englischen Sprache mit Hilfe von Lateinkenntnissen relativ mühelos erschlossen werden kann. Auch unter diesem Gesichtspunkt kommt das scheinbar einleuchtende »pragmatische« Argument, das Erlernen einer »toten« Sprache stehe als nutzloser Ballast dem Erlernen moderner Sprachen im Wege und binde geistige Kapazität, die besser in ein intensiveres Studium etwa des Englischen investiert werden sollte, grobem populistischem Unfug ziemlich nahe – weil es so tut, als hätte Englisch mit Latein nichts zu tun.

Tatsächlich ist England – auch und gerade unter sprachlichem Aspekt – »ein lateinisches Land«. Der diese Bezeichnung geprägt hat, steht schwerlich im Verdacht, nicht zu wissen, wovon er spricht, oder der lateinischen Sache allzu parteiisch Vorschub zu leisten. Die Charakteristik stammt von dem amerikanisch-englischen Schriftsteller T.S. Eliot, der 1948 den Nobelpreis für Literatur erhielt – für literarische Leistungen in seiner Muttersprache Englisch, versteht sich.

11. Sprache im Dienste der Politik – Caesar-Lektüre heute

Literarisches Kriegsspiel im Klassenzimmer – Kaiser Wilhelm läßt grüßen

»Ich habe noch nicht einen Jahrgang Untertertia oder Obertertia erlebt, den für Caesar zu begeistern nicht gelungen wäre, man muß nur die richtigen Abschnitte auswählen: je abenteuerlicher, desto besser. Und wie packen die Stücke, in denen Caesar von Bravourleistungen seiner Unteroffiziere und Feldwebel in seiner raffinierten Schlichtheit erzählt!«

Apropos »raffinierte Schlichtheit«: In diesem Punkte können die Argumentations-Strategen M. Krüger und G. Hornig ihrem berühmten Vorbild die Hand reichen. So einfach also war es dereinst, aus 14–15jährigen Lateinschülern begeisterte Caesar-Leser zu machen! Dereinst – das war immerhin noch 1963, als die zweite Auflage der einflußreichen »Methodik des altsprachlichen Unterrichts« erschien, als Neubearbeitung des erstmals 1930 von Krüger veröffentlichten Handbuches für junge Lehrer der Alten Sprachen.

Ob sich der große Umschwung in der Wertschätzung Caesars im Urteil vieler Schüler tatsächlich just kurz nach 1963 vollzogen hat, muß sich der Autor dieser Zeilen fragen, wenn er *seine* persönlichen Caesar- Erfahrungen mit denen der beiden Didaktiker vergleicht. Er *war* doch damals Schüler, als sein Lateinlehrer im Jahre 1965/6 den »Gallischen Krieg« zum Unterrichtsgegenstand auserkor. Und der bemühte sich sehr wohl, jene »abenteuerlichen« Passagen, auch die »Bravourleistungen« von Caesars Unterführern in den Mittelpunkt zu rücken – Begeisterung wollte sich jedoch in der gesamten Klasse nicht so recht einstellen. Im Gegenteil: Desinteresse und Langeweile breiteten sich aus.

Andere Berichte auch aus früheren Generationen bestärken die Skepsis, ob die von Krüger-Hornig geäußerten Eindrücke nicht eher dem Wunschdenken entsprangen, die überkommene Caesar-Lektüre in eine neue Zeit hinüberzuretten. Vielleicht auch eine Form selektiver Wahrnehmung, die die Reaktion der wenigen verallgemeinerte, die am traditionellen literarischen Kriegsspiel im Klassenzimmer Spaß hatten.

Die Mehrzahl der Schüler ließ die Bravourleistungen der tüchtigen römischen Krieger eher freudlos über sich ergehen. Kein Wunder: Selbst wer an militärischer *action* Gefallen fand, verlor rasch das Interesse – das Schneckentempo der Lektüre machte die Berichte Caesars nicht gerade spannender. Und wenn Jungen sich aufgrund einer spezifischen Sozialisation noch grundsätzlich für Feldzüge und Schlachten interessierten, brachten Mädchen dieser Welt militärischer Gewalt im allgemeinen gar kein Verständnis entgegen. Es war nicht ihre Welt, und das war gut so.

Für *sie* war ja die Caesar-Lektüre, wie sie seit der Kaiserzeit betrieben wurde, auch gar nicht gedacht gewesen. Da sollten vielmehr künftige Beamte und Offiziere, Unternehmer und Ärzte in militärisch-strategischem Denken geschult, in die Welt römischer Ordnung, Rationalität und Disziplin eingeführt werden – eine autoritäre Welt, deren Verinnerlichung durch die angehende gesellschaftliche Elite des Kaiserreiches durchaus dem allgemeinen schulpolitischen Programm jener Zeit entsprach. Wenn dann der Lateinlehrer mit seinen Schülern Caesars Schlachten im Klassenzimmer noch einmal schlug, wenn die Tafel mit Skizzen von Schlachtaufstellungen und Gefechtstaktiken bemalt wurde oder wenn hier und da unterrichtsbegleitend Modelle römischer Wurfgeschosse gebastelt wurden, dann paßte diese frühe Form handlungsorientierten Unterrichts ohne Zweifel zur generellen Zielsetzung damaliger Caesar-Lektüre.

Man *muß* nicht zum Militaristen werden, wenn man Caesars »Gallischen Krieg« liest; aber so *wie* man ihn damals präsentierte und thematisch aufbereitete, hatte man gute Chancen, das ja durchaus angestrebte Ziel zu erreichen. Dabei war diese Art der Caesar-Rezeption im 19. und zu Anfang des 20. Jh. keineswegs ein deutscher Sonderweg: Nationalstaatlich-imperialistisches Denken wurde auch in anderen europäischen Ländern auf dem Bildungs-Umweg über Caesar eingeübt – womit übrigens eine ideologische Funktionalisierung des »Klassikers« einherging, die in ihrer Einseitigkeit nahe an eine Verfälschung der Darstellungsabsichten und Gesamtaussage Caesars heranreichte. Doch dazu etwas später.

Motivations-*action* contra didaktisches Gewissen?

Wir wollen Krüger-Hornig nicht unterstellen, daß sie mit ihren Empfehlungen für die Auswahl der *Bellum-Gallicum*-Stellen gewissermaßen im ideologischen Fahrwasser der Wilhelminischen Zeit steckengeblieben wären; und auch nicht denen, die ihren Rat – hier und da bis zum heutigen Tag – befolgt haben. Man wollte aus der »alten« Tradition der Caesar-Lektüre wohl das Beste machen und hielt Ausschau nach »spannenden«, »packenden« Stellen.

Motivation war das Zauberwort: »Abenteuerlich« sollte es nach Möglichkeit hergehen, und das schienen militärische *action*-Szenen am ehesten zu bieten. Man übersah indes, daß Krieg kein »Abenteuer« ist. Und je »mitreißender« und »spannender« solche Szenen gestaltet sind und im Unterricht behandelt wurden, um so verharmlosender mußten sie wirken. Das einzige Wortfeld, das Generationen von Lateinschülern dank schier endloser Caesar-Lektüre aus dem Effeff beherrschten, war »Krieg«. Fatal. Zu den am wenigsten schädlichen Folgen dieser thematischen Schieflage zählte da noch die insgeheim in vielen Köpfen spukende Vorstellung, die der große kleine Gegenspieler des großen Caesar später auf die berühmte Formel bringen sollte: »Die spinnen, die Römer!«

Man kann unter diesen Umständen manche Kritik am »martialisch« geprägten Lateinunterricht durchaus nachvollziehen. Ein Militärjournal wie das *Bellum Gallicum*, so ein vielfach erhobener Vorwurf, gehöre nicht in die Hand von Mittelstufen-Schülern – zumal so unkritisch behandelt, wie das häufig der Fall war.

Was, wenn das so schlagende didaktische Gewissen durch eine übergeordnete Instanz beruhigt wird, die da heißt »Motivation«? Vielleicht steht ja hinter mancher heute noch geplanten Unterrichtsreihe über die »wichtigsten Schlachten des Gallischen Krieges« die Überlegung, Latein-Schüler wenigstens so bei der Stange halten zu können, weil man darauf baut, daß Gewalt-Darstellungen bei heutigen Jugendlichen gut ankämen.

Der Konkurrenz-Kampf mit den modernen Medien ist zum einen nicht zu gewinnen. Mit Brutal-Videos und Zombie-Filmen kann

Caesar wahrhaftig nicht mithalten; da ist das *Bellum Gallicum* geradezu Schonkost. Zum zweiten: Die Lebenswelt der Schüler zu berücksichtigen heißt ja wohl nicht, hinter den fragwürdigsten Exzessen medialer Unkultur hechelnd herzulaufen. Motivation ist nur dann eine begrüßenswerte und förderungswürdige pädagogische Instanz, wenn auch der Gegenstand, auf den sie sich richtet, akzeptabel ist. Als unreflektierter methodischer Selbstläufer kann sie höchst gefährlich sein. Gut gemeint ist oft das Gegenteil von gut.

Caesars »Gallischer Krieg« – ein zentrales Dokument europäischer Geschichte ...

Weg mit Caesar als Schulautor! – das scheint die zwangsläufige Konsequenz dieser Überlegungen zu sein. Manche Didaktiker haben sie so gezogen. Damit müßte man allerdings auf einen Text verzichten, der ob seiner stilistischen Qualität anerkanntermaßen zur Weltliteratur gehört und der zugleich ein faszinierendes Stück politischer Autobiographie darstellt. Man muß sich in Erinnerung rufen, um welch höchst folgenreiche Ereignisse es im »Gallischen Krieg« geht: Da wird von der (Zwangs-)Romanisierung eines ganz zentralen Teils von Europa berichtet, dessen geschichtliche Entwicklung ohne die Feldzüge, Verhandlungen und administrativen Maßnahmen Caesars in anderen Bahnen verlaufen wäre. Das *Bellum Gallicum* ist so gesehen ein Basistext gesamteuropäischer Geschichte – oder, wenn man so will, die Geburtsurkunde Frankreichs.

Und wir können 2000 Jahre später gewissermaßen dabei sein, wie der »Geburtshelfer« selbst dieses Geschehen beschreibt! Es kommt selten vor, daß uns der Hauch der Geschichte so unmittelbar und authentisch – jedenfalls aus *einer* Sicht heraus – anweht wie hier. Einer der Hauptbeteiligten an diesem welthistorischen Geschehen spricht zu uns; zudem eine der bedeutendsten Gestalten der Alten Geschichte, dessen Name schon rein äußerlich in den Herrscherbezeichnungen »Kaiser« und »Zar« weiterlebt. Was für eine Chance, Geschichte »live« – ohne zeitliche Brechung, ohne die Distanz sehr viel später schreibender Historiker – mitzuerleben!

... und eine politische Tendenzschrift von Rang

Diese Chance ist zugleich eine Herausforderung. Denn natürlich steht jede Memoiren-Literatur im Verdacht der Einseitigkeit. Es wäre naiv anzunehmen, daß Caesar sich um eine möglichst objektive Darstellung der Geschehnisse bemüht hätte. Dies ist um so weniger zu vermuten, als er mit seinem Tätigkeitsbericht (*commentarii*) sehr wohl in die tagespolitische Diskussion seiner Zeit eingreifen wollte. Er hatte dazu allen Grund.

Gewiß, der Sieg über Gallien, die ihm zu verdankende Expansion des Römischen Reiches in den Raum nördlich der Alpen, war beeindruckend – eine militärische Leistung der Extraklasse. Andererseits: Ein Jahr, bevor Caesar zu neuen Taten nach Gallien aufbrach (58 v. Chr.), hatte er sich als Consul massiv über die römische Verfassung hinweggesetzt. Seine Abreise in die Provinz kam aus Sicht seiner Feinde einer Flucht gleich. Nur zu gern hätten sie ihn für sein gesetzwidriges Handeln zur Verantwortung gezogen. Seine innenpolitischen Gegner verfolgten mit Argusaugen, was er in Gallien tat.

Als sie im Jahre 55 v. Chr. eine Möglichkeit sahen, dem erfolgreichen Imperator am Zeug zu flicken, nutzten sie diese Chance sofort: Der jüngere Cato, Caesars erbittertster Gegner, stellte im Senat ganz offiziell den Antrag, Caesar wegen eines Wortbruches zwei germanischen Stämmen auszuliefern. Das war angesichts der damaligen politischen Kräfteverhältnisse wenig mehr als eine theatralische Demonstration, aber sie zeigte doch, daß sich die Opposition von den militärischen Triumphen Caesars nicht blenden oder einschüchtern ließ. Als seine Statthalterschaft in Gallien sich dem Ende zuneigte, begann eine leidenschaftliche Kontroverse um Caesars Wunsch, sich von Gallien aus in Rom um ein zweites Consulat bewerben zu dürfen. Wäre er dafür, wie es der Verfassung entsprach, persönlich in Rom erschienen, so hätte er sein Kommando niederlegen müssen. Dieser kurze Zeitraum hätte seinen Gegnern genügt, eine Klage gegen ihn wegen seiner Verfassungsverstöße im Jahre 59 v. Chr. anzustrengen. Solange er ein Amt bekleidete, war er immun. Als Privatmann aber mußte er vor der juristischen »Rache« seiner Feinde auf der Hut sein.

Schon diese wenigen Schlaglichter auf die politische Situation der fünfziger Jahre machen klar: Caesar stand unter Druck. Für Teile der römischen Öffentlichkeit und einflußreiche Kreise in der politischen Klasse war er damals keineswegs die Lichtgestalt, die durch seinen gallischen Erfolg unangreifbar geworden wäre. Wenn selbst seine Diplomatie und Kriegführung zeitweise Gegenstand massiver Kritik waren, gab es, in neudeutscher Politiker-Diktion ausgedrückt, durchaus »Rechtfertigungsbedarf«. Die *commentarii*, sein »Rechenschaftsbericht« über den Gallischen Krieg, den er Ende der fünfziger Jahre – mitten in die aufgeheizte Diskussion über seine erneute Kandidatur für das Consulat hinein – veröffentlichte, waren Teil einer intensiven Image-Kampagne.

Das *Bellum Gallicum* ist somit eine politische Tendenzschrift. Es stellt die gallischen Ereignisse aus der Sicht Caesars dar. Eigentlich eine Selbstverständlichkeit – aber dann muß man bei der Lektüre auch die entsprechenden Schlüsse daraus ziehen. Das heißt: Es ist zumindest mit einer recht subjektiven Darstellung zu rechnen, mit Verzerrungen, bewußten Auslassungen, Verfälschungen.

Ein Meister des Worts – und der Leserlenkung

Die Forschung hat erwiesen, daß Caesar keine plumpe Lügenpropaganda betreibt. Er arbeitet in aller Regel nicht mit Unwahrheiten und groben Entstellungen der geschichtlichen Wirklichkeit. *Seine* propagandistische Waffe ist sozusagen das stilistische Florett. Er nimmt den Leser mit geschickter Rhetorik an die Hand und leitet ihn damit zielstrebig durch das dargestellte Geschehen. Ohne daß man es will und merkt, nimmt man die Dinge aus *seiner* Perspektive wahr. Schon die dritte Person, in der er von sich selbst schreibt, suggeriert ständig, daß da jemand berichtet, der Distanz zu den Ereignissen hat; nicht ein subjektives Ich, das beim Leser jedesmal gleichsam die Alarmglocken der Kritik – »Vorsicht, Parteilichkeit!« – schrillen läßt, sondern ein Er, der mit dem gebotenen Abstand zum Hauptakteur über die Tätigkeit eines gewissen Statthalters Caesar informiert.

Es ist eine subtile Leserlenkung, die Caesar mit höchster literarischer Meisterschaft betreibt. Und zwar eine, die funktioniert, wenn man nicht ständig auf der Hut ist. Der Vergleich zur modernen Werbung liegt nahe. Man weiß, daß man becirct werden soll – und läßt sich doch becircen; nicht zuletzt deshalb, weil man gar nicht jede einzelne Werbe-»Botschaft« auf ihre manipulative Wirkung hin analysieren kann.

Im Unterschied zur modernen Produkt-Werbung arbeitet die Manipulation Caesars ausschließlich mit dem Wort. Er setzt es im Dienste politischer Werbung so virtuos ein, daß es einem literarisch-ästhetischen Genuß gleichkommt, sich von ihm manipulieren zu lassen. Und daß es einer spannenden, geradezu detektivischen Arbeit bedarf, die sprachliche Manipulation im einzelnen zu entlarven. Dafür ein paar Beispiele.

Kriegerische Barbaren im Anmarsch auf »unsere Provinz«... – Wie man mit sprachlichen Mitteln die Solidarität des Lesers erzwingt

Im ersten Buch schildert Caesar den Ausgangskonflikt für den gesamten Gallischen Krieg: Die Helvetier planen, ihre angestammten Sitze im Gebiet der heutigen Westschweiz zu verlassen. Daß dieser Auswanderungsplan Gefahr für die römische Provinz Gallia Narbonnensis im heutigen Südfrankreich bedeutet hätte, ist bei objektiver Betrachtung nicht zu erkennen. Für Caesar aber bietet er den willkommenen Vorwand, im freien Gallien militärisch einzugreifen. Es ist heute keine Frage mehr, daß er diesen Konflikt gesucht hat: Er *wollte* sich durch die Eroberung neuer Gebiete als Feldherr profilieren und sein politisches Gewicht dadurch stärken.

Angesichts der römischen Ideologie jedoch, daß Rom nur *bella iusta*, »gerechte Kriege«, – und eben keine Angriffskriege – führe, mußte er darlegen, wieso er zur Intervention gegen die Helvetier förmlich gezwungen wurde. Die Beschreibung der in Frage kommenden Expansionsmöglichkeiten der Helvetier bot ihm die Chance, die vermeintliche Zwangsläufigkeit des Krieges aufzuzeigen und die Helvetier als Aggressoren zu brandmarken – zumal sie sich nach seiner Darstellung als »Volk ohne Raum« verstanden, das sich seinem Tatendrang und seiner kriegerischen Mentalität entsprechend eingeengt fühlte. Das machte ihnen ihr »machtgieriger« Anführer Orgetorix klar:

> *Id hoc facilius iis persuasit, quod undique loci natura Helvetii continen-*
> *tur: una ex parte flumine Rheno latissimo atque altissimo, qui agrum Hel-*

vetium a Germanis dividit, altera ex parte monte Iura altissimo, qui est in-
ter Sequanos et Helvetios, tertia lacu Lemanno et flumine Rhodano, qui
provinciam nostram ab Helvetiis dividit. (I 2, 3)

»Davon überzeugte er sie um so leichter, als die Helvetier auf allen Seiten
durch natürliche Grenzen eingeengt werden: auf der einen Seite durch
den außerordentlich breiten und außerordentlich tiefen Rhein, der das
helvetische Gebiet von dem der Germanen trennt; auf der anderen durch
das sehr hohe Jura-Gebirge, das die Grenze zwischen Sequanern und Hel-
vetiern bildet, auf der dritten Seite durch den Genfer See und die Rhone,
die unsere Provinz vom Gebiet der Helvetier trennt.«

Welchen Weg werden die Helvetier nehmen? Eine echte Wahl, so
suggeriert es Caesars Beschreibung, haben sie nicht. Die Elative *la-
tissimo* und *altissimo* im einen, *altissimo* im zweiten Falle bilden
die Schwierigkeit, ja Unmöglichkeit ab, diese natürlichen Grenzen
zu überwinden. Der dritte Weg dagegen lockt ganz einfach, weil sich
ihm kein »unüberwindbarer« Elativ entgegenstellt. Das begreift jeder Leser intuitiv. Er zieht die gewollte Schlußfolgerung – und wird
durch das folgende *provincia nostra* alarmiert. Gefahr steht für römisches Gebiet bevor! Damit das auch emotional richtig verarbeitet
wird, heißt es nicht »römische Provinz« (wie es angesichts der Tatsache, daß der Berichterstatter sonst in der dritten Person schreibt, angemessen wäre), sondern »unsere Provinz«. Solidarität unter Römern ist gefordert: Der Autor und seine Leser verschmelzen zu einer
Notgemeinschaft. Das Feindbild ist klar: Die »barbarischen« Helvetier bedrohen die zivilisierte, »befriedete« römische Provinz!
Nachdem die Helvetier ihre Vorbereitungen für die Auswande-
rung abgeschlossen haben, schildert Caesar ein paar Kapitel weiter
die Optionen für ihre konkrete Route folgendermaßen:

*Erant omnino itinera duo, quibus itineribus domo exire possent: unum
per Sequanos, angustum et difficile, inter montem Iuram et flumen Rho-
danum, vix qua singuli carri ducerentur, mons autem altissimus impende-
bat, ut facile perpauci prohibere possent; alterum per provinciam nostram,
multo facilius atque expeditius, propterea quod inter fines Helvetiorum et
Allobrogum, qui nuper pacati erant, Rhodanus fluit isque nonnullis locis
vado transitur.* (I 6, 1 f.)

»Es gab im ganzen nur zwei Wege, auf denen sie ihre Wohnsitze verlassen konnten. Der eine, schmal und beschwerlich, zwischen Jura-Gebirge und Rhone, führte durch das Gebiet der Sequaner. Dort konnten Wagen kaum einzeln hintereinander herfahren, so daß sehr wenige Leute ihn mit Leichtigkeit sperren konnten. Der andere führte durch unsere Provinz. Er war bei weitem leichter und bequemer; denn zwischen dem Gebiet der Helvetier und dem der Allobroger, die erst neulich befriedet worden waren, fließt die Rhone, und sie läßt sich an mehreren Stellen durchwaten. Die letzte Stadt im Allobrogerland und die Grenzstadt zum Land der Helvetier ist Genf.«

Hier verläuft die Leserlenkung zunächst weniger verdeckt. Schon auf der sprachlichen Oberfläche wird klar, welche extremen Schwierigkeiten die erste Weg-Alternative aufweist und um wieviel »einfacher und bequemer« der Marsch durch die römische Provinz ist: Die Rhone scheint ja zur Überquerung geradezu einzuladen. Caesar stellt damit klar, *daß* die Helvetier diesen Weg auf jeden Fall einschlagen werden. Was vorher unterschwellig transportiert wurde, ist jetzt offensichtlich: Die römische Provinz ist akut bedroht; erneut appelliert *provincia nostra* an das Solidaritätsgefühl aller römischen Patrioten (und das sind im Zweifel *alle* Römer!).

Geradezu eingeschmuggelt wird aber noch ein sprachliches Signal, das die Bedrohung erheblich größer erscheinen läßt. Der scheinbar harmlose Relativsatz transportiert diese alarmierende Information: Was auf den ersten Blick wie eine weitere geographische Präzisierung in einem von geographischen Begriffen eh schon stark beherrschten Kontext anmutet, birgt in Wirklichkeit einen militärisch höchst explosiven Sprengsatz: »Die Allobroger, die *erst neulich* befriedet worden waren«, sind, so die unterschwellige Botschaft, unsichere Kantonisten. Kommt ein so entschlossenes und kriegerisches Volk wie die Helvetier bei ihnen »vorbei« – wer weiß, ob das nicht als Signal für einen Aufstand gegen die römischen Herren wirkt?! Schließlich sind sie ja erst »neulich« ins Römische Reich »aufgenommen« worden! (daß dieses »neulich« mittlerweile zwei Generationen her ist, gehört zu den kleineren Fehlinformationen, die Caesar ab und zu einstreut – immerhin ist »neulich« ja relativ, für subjektive Deutungen offen ...).

Welcher Art diese »Aufnahme« ins Römische Reich war, versteht ein römischer Leser sehr wohl, wenn er *pacati* liest. Darin steckt zwar *pax*, »der Frieden« – aber es ist ein Siegfrieden aus römischer Sicht, und *pacare* meint ein Unterwerfen, das im Einzelfall bis hart an die Grenze der physischen Vernichtung eines Volkes ging, das sich partout nicht »befrieden« lassen wollte. All das konnotiert der römische Leser in diesem Augenblick ganz selbstverständlich. Er braucht sich das gar nicht bewußt zu machen, sondern zieht gleichsam instinktiv den von Caesar angestrebten Schluß: Große Gefahr – vielleicht eine unkontrollierbare Abfallbewegung in der Provinz – steht bevor, wenn die Helvetier ihren Plan durchführen.

Krisenmanagement in sprachlicher Perfektion

Die Krise scheint dem Höhepunkt zuzusteuern: Die scheinbar sachlich-nüchterne Beschreibung Genfs als Grenzstadt ist in Wirklichkeit ein dramatisches Indiz dafür, wie nahe eine Katastrophe bevorsteht. Wo bleibt er, der römische Statthalter, dem der Schutz der Provinz anvertraut ist?

Keine Sorge! Er weiß, was zu tun ist. »Geduldig« hat er die Auswanderungspläne der Helvetier über fünf Kapitel hinweg beschreibend verfolgt; jetzt aber, da das Verderben jeden Moment über die römische Provinz hereinzubrechen droht, ist er zur Stelle: Im berühmten 7. Kapitel tritt Caesar zum ersten Mal selbst in Erscheinung. Und wie!

Caesari cum id nuntiatum esset eos per provinciam nostram iter facere conari, maturat ab urbe proficisci et, quam maximis potest itineribus, in Galliam ulteriorem contendit et ad Genavam pervenit. Provinciae toti, quam maximum potest, militum numerum imperat – erat omnino in Gallia ulteriore legio una –, pontem, qui erat ad Genavam, iubet rescindi. Ubi de eius adventu Helvetii certiores facti sunt, legatos ad eum mittunt nobilissimos civitatis …

»Als Caesar dies gemeldet worden war, daß sie versuchten, durch unsere Provinz zu ziehen, beeilt er sich, von Rom aufzubrechen, eilt in so großen Tagesmärschen wie möglich ins jenseitige Gallien und gelangt nach Genf.

Der gesamten Provinz befiehlt er, eine möglichst große Zahl Soldaten zu stellen – im jenseitigen Gallien stand insgesamt nur eine einzige Legion. Die Brücke bei Genf befiehlt er abzubrechen. Sobald die Helvetier von seiner Ankunft gehört hatten, schickten sie die Vornehmsten ihres Stammes als Gesandte zu ihm ...«

Eine Meisterleistung politisch-literarischer Selbstinszenierung! Zu Anfang der Paukenschlag: Die erste Erwähnung Caesars löst beim Leser Erleichterung aus. In der Stunde höchster Gefahr tritt der verantwortliche Statthalter auf den Plan. Zunächst noch im Dativ; noch ist er Objekt. Keine Rede davon, daß hier jemand unüberlegt losgeschlagen, sich gar nach kriegerischen Meriten gedrängt hätte! Erst die Meldung veranlaßt ihn zu handeln. Seine Reaktionszeit ist durch die Spanne markiert, in der er vom Objekt zum Subjekt (*maturat*) wird. Dazwischen steht der AcI *eos per provinciam nostram iter facere conari*. Genau genommen eine überflüssige Information: Mit dem zurück- und hier gleichzeitig vorausweisenden *id* (»dies«) ist eigentlich klar, daß es um den Marsch der Helvetier durch römisches Gebiet geht. Erzähltechnisch ist der AcI ein retardierendes Element, das eine kurze Zeitlang vor Caesars Reaktion auf die Meldung Spannung aufbaut. Im engeren Sinne der Leserlenkung unterstreicht die Wiederholung noch einmal die Gefahr: *provincia nostra* – das kann man nicht oft genug wiederholen!

Kaum ist die Gefahr erkannt, handelt Caesar so zielstrebig wie umsichtig. Ein Verb folgt aufs andere. Das Präsens unterstreicht die Schnelligkeit seines Vorgehens. In drei Schritten (*maturat – contendit – pervenit*) ist er da, wo die Helvetier stehen: bei Genf. Wofür die Feinde fünf Kapitel gebraucht haben, dafür benötigt Caesar einen einzigen Satz. Jetzt, wo es darauf ankommt, bündelt er seine Kräfte; das zweimalige *quam maximis* bzw. *maximum* (»möglichst groß«) läßt keinen Zweifel an Caesars Entschlossenheit aufkommen. Und er ist Herr der Lage: Zweimaliges »Befehlen« (*imperat; iubet*) macht eindringlich klar, daß er alles andere als ein Zauderer ist. Auf der anderen Seite ist das kein blinder Aktionismus, keine übereilte oder gar panikartige Reaktion. Trotz des Stakkatos der Aktion betonenden Verben bleibt ihm noch Zeit zum Argumentieren: Sofortige Aushebungen sind notwendig, weil nur eine einzige Legion im jenseitigen Gallien verfügbar ist.

Das Ergebnis von Caesars erstem Eingreifen steht als letztes Wort: *rescindi* – die Brücke bei Genf wird eingerissen. Damit ist Caesars Kurz-Auftritt beendet. Neues Subjekt sind die Helvetier; sie sind wieder am Zuge. In wenigen Sätzen hat sich die Situation schlagartig verändert; der Plan der Feinde ist durch Caesars entschiedenes Handeln vorerst gestoppt.

Die Botschaft ist klar: *Das* ist echt römisches Krisenmanagement. Zu diesem Statthalter können sich die Römer nur gratulieren. Sie haben da jemanden mit einer Aufgabe betraut, der ihr voll gewachsen ist. Entschlossenheit, Einsatz, Energie, Führungsstärke und Umsicht – das alles sind Eigenschaften, die aus den wenigen Sätzen ablesbar sind. Kein penetrantes Eigenlob, keine bombastische Rhetorik – nur ein schlichter, nüchterner Bericht über den Auftakt seiner Statthalterschaft. Alles fügt sich zum Eindruck der Überlegenheit Caesars. Das süße Gift der Leserlenkung wird bereitwillig eingesogen – *diese* Überlegenheit in Gestalt sprachlicher Meisterschaft dürfte sich der römische Normalleser kaum klargemacht haben.

Im übrigen: Von Aggression, Kriegstreiberei gar bei Caesar keine Spur! Kein Gedanke daran, daß *er* an diesem Konflikt Interesse gehabt haben könnte! Friedfertiger, als kurz vor einer feindlichen Invasion in die Provinz noch in einer Objekt-Rolle (*Caesari*) zu verharren, geht es nicht. In dem Augenblick jedoch, als er auf den gleichen Kenntnisstand kommt, auf den der Leser sechs Kapitel lang vorbereitet wird, handelt er unverzüglich. Verantwortungsvoller und pflichtbewußter läßt sich ein römischer Proconsul kaum denken. Er hebt sich damit von manchen Vorgängern ab, die die Zügel in der Provinzialverwaltung anscheinend etwas haben schleifen lassen: Enthält nicht die Feststellung, daß da in Gallien nur eine einzige Legion bereit stand, eine Kritik an der mangelnden Voraussicht früherer Statthalter?

Mit diesem ersten grandiosen Selbstporträt gibt Caesar beim römischen Lesepublikum seine Visitenkarte für den Gallischen Krieg ab. Eine Einstimmung von raffinierter Schlichtheit, die ihre Wirkung kaum verfehlt haben dürfte. Und wem kommt es angesichts der dramatisch zugespitzten Lage und angesichts *dieses* Krisenmanagers in den Sinn, an Caesars entschlossenem und erfolgreichem Eingreifen herumzumäkeln? Sein Befehl zur Aushebung weiterer Legionen war zwar ein klarer Verfassungsbruch; eine solche Entscheidung war dem Senat in Rom vorbehalten. In diesem Kontext freilich stellte allein schon der Gedanke daran seinen Urheber als nörgligen senatorischen Erbsenzähler bloß ...

Vom Vorteil des langsamen Lesens

Vielleicht ist es an den vorgeführten Beispielen deutlich geworden: Der Leserlenkung Caesars nachzuspüren ist eine spannende Sache. Und eine lohnende, weil befriedigende, noch dazu. Man kommt ihm schon auf die rhetorischen Schliche – wenn man genau hinschaut und jedes Wort auf die sprachliche Goldwaage legt.

Kann das ein Mittelstufen-Schüler leisten? Die Erfahrung zeigt: Er kann es – wenn dieses enorme Interpretationspotential didaktisch ernst genommen und der Blick der Schüler dafür allmählich entwickelt wird. Was sonst vielfach bei der Lektüre lateinischer Autoren beklagt wird, erweist sich hier sogar als Vorteil: Das *langsame* Lesen und Verstehen. Der ursprüngliche Adressat, der römische *native speaker*, las Caesars Bericht natürlich ungleich schneller. Er flog förmlich durch ihn hindurch – so wie wir durch Texte in unserer Muttersprache hindurchfliegen. Damit war er für die manipulative Kraft von Caesars Sprachkunst ein viel wehrloseres Opfer als derjenige, der sich vergleichsweise mühsam durch den Text arbeiten muß. Auch wenn sich der römische Leser vornahm, auf der Hut zu sein – die kritische Grundhaltung gegenüber dem Autor konnte er auf Dauer nicht durchhalten; gerade weil der auf so subtile Weise für sich wirbt.

Das mikroskopische Lesen erlaubt dagegen eine gründliche Analyse. Es fordert sie geradezu heraus. Denn der mit der fremden Sprache weniger Vertraute hält ja notwendigerweise ständig inne. Er ist so gesehen ein kritischerer, mündigerer Leser als der muttersprachliche Literatur-»Konsument«. Das ermöglicht ihm Erfolgserlebnisse, die bei allen Schwierigkeiten im »Kampf« mit dem Text Motivation freisetzen. Salopp ausgedrückt: Es macht Spaß, die Leserlenkung Caesars zu durchschauen und ihm nicht auf den Leim zu gehen.

Fünfzehn- oder Sechzehnjährige als »Richter« über den großen Caesar? Welche Allmachtsphantasien schießen da durch die pubertierenden Köpfe, wenn eine weltgeschichtlich bedeutende Persönlichkeit wie Caesar zur kritischen Durchleuchtung »freigegeben« wird?! Mitunter sind solche Stimmen des Unbehagens zu hören.

Dahinter steht der Verdacht, Caesar solle sozusagen fertiggemacht werden: Der Sieger über Gallien erleidet im Klassenzimmer seine ultimative Niederlage. Hand in Hand mit dem listigen Widerständler Asterix – der übrigens bei der Caesar-Lektüre als willkommener Motivationshelfer »eingebaut« werden kann – wird die Legende Caesar von halbwüchsigen Gymnasiasten vom Denkmal gestoßen.

Solche Befürchtungen sind unbegründet. Denn was Schüler bei dieser Art der Caesar-Lektüre vielleicht an unreflektiert-naivem Aufschauen zum »großen« Caesar einbüßen, gewinnen sie in ungleich größerem Maße an Hochachtung für den Schriftsteller und Politiker Caesar. Sie erfahren Sprache sehr anschaulich – und konkret! – als Macht im Dienste der Politik. Und es kann ja wohl im Bildungssystem eines demokratischen Staates kein Nachteil sein, wenn sich zu der so gewonnenen Wertschätzung des Sprachvirtuosen Caesar die Einsicht gesellt, daß man sich vor der manipulativen Kraft des Wortes auch in der eigenen Lebenswelt in acht nehmen muß.

»Die Leserlenkung gelingt ihm voll gut ...« – *Schüler-Urteile nach der Caesar-Lektüre*

Umfrage-Ergebnisse nach ca. vier Monaten Caesar-Lektüre in einer Klasse 9 (Latein als 1. Fremdsprache) aus dem Jahr 1996; Anonymität gewährleistet; statistische Basis: 25 Schülerinnen und Schüler):

Wie haben dir die bisher behandelten Originallektüren im Verhältnis zueinander gefallen?

1. Platz: Caesar (58 Punkte); 2. Platz: Lateinische Graffiti (54 Punkte); 3. Platz: Phaedrus, Fabeln (40 Punkte)

Wie fandest du die Caesar-Lektüre insgesamt?

Wert auf einer Skala von 1 (sehr interessant) bis 7 (langweilig): 3, 2

Hat die Caesar-Lektüre deine Einstellung zum Fach Latein verändert?

unverändert: 71% ; positiver: 25% (= 6 Schüler/innen); negativer: 4% (= 1 Schüler/in)

War Caesar deiner Meinung nach ein bedeutender Staatsmann?

Wert auf einer Skala von 1 (sehr bedeutend) bis 7 (unbedeutend): 2,04

Wie beurteilst du ihn als Schriftsteller?

Wert auf einer Skala von 1 (sehr gut) bis 7 (sehr schlecht): 1,66

Sympathie-Werte für Caesar?

Wert auf einer Skala von 1 (sehr sympathisch) bis 7 (sehr unsympathisch): 4,0

Ein »Grundtext europäischen Selbstverständnisses« – Neue Chancen der Caesar-Lektüre

Caesars Erzählstrategie und Leserlenkung unter die Lupe zu nehmen ist nicht sachfremd. Im Gegenteil: Diese Art der Auseinandersetzung entspricht genau dem Charakter des *Bellum Gallicum* als einer politischen Werbe- und Tendenzschrift. Deshalb ist diese neue Orientierung, wie sie in zahlreichen didaktischen Arbeiten vorgeschlagen und immer häufiger im Unterricht praktiziert wird, keine Notlösung, keine Ehrenrettung für einen Schulautor, den man aus Traditionsbewußtsein nicht aufgeben mag. Das Konzept ist offensiv, nicht apologetisch-defensiv. Lehrer, die ihre Caesar-Auswahl didaktisch verantwortlich planen, brauchen sich dafür nicht zu entschuldigen. Und auch in Sachen »Militarismus« handelt es sich nicht um einen Etikettenschwindel von seiten »alter Krieger«, die »ihren« Militärschriftsteller gewissermaßen durch die didaktische Hintertür an den Schüler bringen wollen. Einen großen Raum im *Bellum Gallicum* nehmen nämlich Caesars Berichte über seine diplomatischen Aktivitäten, seine Planungen und Überlegungen sowie seine ethnographischen Exkurse ein. In diesen Passagen findet sich genügend Lesenswertes für den Schulunterricht. Wer den »Gallischen Krieg« für eine Aneinanderreihung von Schlachtenschilderungen hält, hat ihn nicht gelesen.

Natürlich ist Caesar nicht nur ein faszinierender Schriftsteller für Heranwachsende; natürlich läßt er sich auch von älteren Lernern und allgemein Literatur-Interessierten mit Gewinn und intellektueller Freude in der gerade aufgezeigten Weise lesen und analysieren.

Bildend und erhellend kann die Lektüre dieses berühmten Werks für Oberstufen-Schüler und außerschulisch interessierte Erwachsene aber auch sein, wenn man es als einen »Grundtext europäischen Selbstverständnisses« liest. Vor allem Peter Wülfing und Hubert Cancik haben diesen ungemein aktuellen Ansatz überzeugend begründet. Sie weisen nach, wie sehr Caesar im Selbstverständnis europäischer Eliten seit der Renaissance weiterlebt. Es ist die Welt der Rationalität und Effizienz, der Organisation und raschen Kommunikation, der Disziplin und der Sachzwänge, des Erfolges und der Pflichterfüllung, der technischen Überlegenheit und der Großzügigkeit des Überlegenen, in die uns das *Bellum Gallicum* einführt. Diese Welt römischer Rationalität, deren Abbild auch die »folgerichtige«, scheinbar so nüchtern-sachliche Sprache Caesars ist, ist zu einem guten Teil auch unsere Welt. Wer Caesar mit diesen Augen liest, erfährt auch und gerade an der Schwelle zum dritten Jahrtausend eine Menge über sich selbst. Ideologiekritik ist ja dann erst besonders glaubwürdig und fruchtbar, wenn sie Selbstkritik einschließt oder zu ihr hinführt.

Neugierig geworden? Dann bleibt nur der gute Wunsch für ein spannendes, gehaltvolles Leseerlebnis bei der Neuentdeckung eines sehr modernen Klassikers.

12. Wenn Beine sich gegen Blicke nicht wehren können – Stilmittel können sehr aufregend sein

»Stilvolle« Flirt-Lektionen in Ovids »Liebeskunst«

Flirt-Ratgeber sind seit einiger Zeit ausgesprochen »in«. Daß es »so etwas« in der Antike »natürlich« nicht gegeben hat, davon sind viele Leute felsenfest überzeugt. Irrtum: Ovids berühmte *Ars amatoria*, die »Liebeskunst«, ist mittlerweile rund 2000 Jahre alt – ohne daß man ihr dieses Alter allerdings anmerkte. Sie ist, Abendland-Bewegte mögen jetzt weghören, *der* Bestseller unter den Flirt-Ratgebern schlechthin, in unzähligen Auflagen erschienen, in zahllose Sprachen übersetzt, von etlichen Schriftstellern nachgeahmt oder als Inspirationsquell genutzt. Das Geheimnis dieses Erfolges ist nicht etwa ein schlüpfrig-pornographischer Inhalt, wie viele mutmaßen oder raunen, die das Büchlein nie in Händen gehalten haben. Erotik präsentiert sich bei Ovid vielmehr ausgesprochen kultiviert. Und zu dieser Kultiviertheit gehört auch die leichte und zugleich anspruchsvolle sprachliche Gestalt, die die *Ars* in den Rang eines durch die Jahrtausende vielgelesenen und –gerühmten literarischen Kunstwerks erhebt. Kongenialität von Inhalt *und* Form – das ist, wenn man es auf eine Kurzformel bringen will, das »Erfolgsgeheimnis« qualitätvoller Literatur der Antike, die ihren Ruf als »klassisch« – d.h. vorbildhaft – begründet hat. Die ovidische »Liebeskunst« macht da keine Ausnahme. Der römische »Liebeslehrer« vermittelt seinen Stoff nicht »irgendwie«; er »reißt« seine Flirt-Lektionen nicht sprachlich lieb- und gedankenlos »herunter«, sondern hüllt sie in ein formales Gewand, das auch ästhetisch ansprechend wirkt.

Wer sich *diesen* Teil des Genusses gönnen will, kommt nicht umhin, auch ins lateinische Original – etwa mit Hilfe einer zweisprachigen Ausgabe – zu schauen. Vieles von der sprachlichen Virtuosität des Originals geht nämlich bei der Übersetzung, auch der besten, zwangsläufig verloren. Stilmittel lassen sich in ihrer Wirkung häufig so nicht nachahmen. Dafür ein paar Beispiele.

Begleiten wir Ovid in den Circus. Wagenrennen stehen da auf dem Programm. Wer indes auf Brautschau ist, kommt dort ebenfalls auf seine Kosten. Die Römerinnen sind genauso rennsportbegeistert wie die Männer und strömen deshalb an den Renntagen in großer Zahl in den Circus Maximus. Die Atmosphäre, die dort herrscht, ist am besten mit heutigem Sportreporter-Deutsch beschrieben: Ein wahrer Hexenkessel ist das, der *furor circi* ist sprichwörtlich. Und das Beste für alle Flirtwilligen: Es gibt keine Trennung zwischen den Geschlechtern (wie z. B. im Theater); Männlein und Weiblein sitzen direkt beieinander. Und da stets mehr Leute in den Circus drängen, als er faßt, herrscht qualvolle Enge. Ob man will oder nicht – man *muß* eng zusammenrücken. Die erste Berührung der Dame, auf die man ein Auge geworfen hat, verdankt man diesem »Gesetz des Ortes«. Auch wenn du zu schüchtern bist, sagt Ovid, oder wenn sie nicht will (je nach Lesart *nolis* oder *nolit* in V. 141), kommt es zu einem körperlichen Kontakt. Und aufmunternd setzt er hinzu: *bene ..., quod tibi tangenda est lege puella loci*; »gut, daß du das Mädchen aufgrund des Gesetzes des Ortes berühren mußt«. *Wie* unvermeidlich das ist, veranschaulicht die gesperrte Wortstellung *lege loci*. Dazwischen steht *puella*, »das Mädchen«. Es ist vom Gesetz des Ortes gewissermaßen umschlossen. So wie das Wort *puella* der Umklammerung durch *lege ... loci* nicht entrinnen kann, so wenig kann sich das reale Mädchen dem »Berührungsgesetz« des Circus Maximus entziehen ...

»Hyperbaton« ist der Fachbegriff für eine solche »Sperrung« an sich zusammengehöriger Wörter. Das Lateinische mit seiner freieren Wortstellung eröffnet den Literaten mannigfache Möglichkeiten, einen Gedanken mit Hilfe dieses formalen Kunstgriffs elegant zu verstärken. Meistens dient das Hyperbaton dazu, das Gesagte zu verbildlichen. Im konkreten Fall bildet es das »Gefangensein« des Mädchens geradezu ab.

Ein paar Verse weiter setzt Ovid das Hyperbaton noch einmal auf höchst aufregende Weise ein. In der Zwischenzeit sind die Dame und ihr Verehrer im Circus schon ein bißchen warm miteinander geworden. Um das Eis weiter zum Schmelzen zu bringen, rät Ovid un-

serem Flirt-Kandidaten zu allerlei Kavaliersdiensten: ein Fußbänk-
chen unter die zarten Füße der Dame zu stellen, ihr kühle Luft mit
dem Programmheft zuzufächeln, den von der Rennbahn aufgewir-
belten Sand aus ihrem Gewandbausch zu entfernen (und wenn
nichts da ist zum Entfernen? »Dann schüttle halt das Nichts heraus!«...). Was, wenn das kostbare Gewand der Dame auf den
schmutzigen Boden gerutscht ist? Das verlangt nach zupackender
Beflissenheit: Umfasse nur beherzt den Saum und hebe das Kleid
hoch! Der Lohn für diese Gefälligkeit ist dir gewiß: ein Blick auf die
Beine des Mädchens! *contingent oculis crura videnda tuis*; wörtlich
übersetzt: »Zuteil werden wird Augen, die Beine zu sehen, deinen«.
Erneut ein Hyperbaton (*oculis ... tuis*), um den Sachverhalt abzu-
bilden: Die Augen umklammern im stilistischen Zangengriff die
Beine (*crura ... videnda*). Sie stehen im Mittelpunkt. Ob sie wollen
oder nicht – sie sind den Blicken des Kavaliers hilflos ausgeliefert –
so wie die »wirklichen« Beine der Frau den Augen des Mannes, der
das Kleid anhebt (ars am. I 141 ff.).

Eine Stilfigur, die einfach Spaß macht, weil sie intellektuelles und
ästhetisches Vergnügen bereitet. Aber vielleicht ein »frauenfeindli-
ches« Stilmittel? Wer dieses Hyperbaton mit dem erhobenen Zeige-
finger der *political correctness* rügt – ist selbst schuld. Friede der
Humorlosigkeit!

Wenn der Frosch dem Ochsen nacheifert –
Interpretatorische Beobachtungen zu einer Phaedrus-Fabel

Wechseln wir die Textsorte und gehen wir zur Fabel über. Phaedrus-
Fabeln sind gewiß nicht nur eine Schullektüre. Das zeigt schon ein
Blick auf ihre gewaltige Rezeptionsgeschichte: Luther und Lessing,
La Fontaine und Thurber haben, um nur einige prominente »Nach-
Dichter« zu nennen, die Stoffe aufgegriffen. Aber sie sind *auch* eine
– in den letzten Jahren deutlich beliebter gewordene – Lektüre des
schulischen Lateinunterrichts. Und das nicht zuletzt, weil an dieser
übersichtlichen »kleinen« Textsorte sehr anschaulich aufzuzeigen
und interpretatorisch »einzuüben« ist, wie überzeugend die Form
im Dienste des Gehalts steht.

Als Beispiel dient die Fabel von dem Frosch und dem Ochsen – für den ehemaligen Sklaven Phaedrus eine Warnung, daß »der Schwächere zugrunde geht, wenn er den Starken nachahmen will«:

In prato quondam rana conspexit bovem
et tacta invidia tantae magnitudinis
rugosam inflavit pellem: tum natos suos
interrogavit, an bove esset latior.
Illi negarunt. Rursus intendit cutem
maiore nisu et simili quaesivit modo,
quis maior esset. Illi dixerunt bovem.
Novissime indignata dum vult validius
inflare sese, rupto iacuit corpore.

Auf einer Weide erblickte ein Frosch einst einen Ochsen
und, neiderfüllt angesichts solcher Größe,
blähte er seine faltige Haut auf. Daraufhin fragte er seine Kinder,
ob er größer sei als der Ochse.
Die verneinten. Ein weiteres Mal dehnte er seine Haut
mit noch größerer Anstrengung und fragte auf ähnliche Weise,
wer der größere sei. Diese sagten: der Ochse.
Als er sich schließlich empört noch stärker
aufblähen wollte, lag er mit zerplatztem Körper da.

Ein mehrfach sich steigerndes Anspannen aller Kräfte und dann die Katastrophe – das ist der übersichtliche Handlungsverlauf der Fabel. Thema ist der Größenvergleich. Dazu passen die Komparative: *latior, maiore, maior, validius*; sie durchziehen den Text leitmotivisch. Das stufenweise »Anwachsen« des Frosches wird durch einen eigentlich ganz simplen formalen Kunstgriff verbildlicht: Zur Beschreibung der drei Phasen verwendet Phaedrus jeweils auch mehr Wortmaterial. Für das erste Aufblähen reichen drei Wörter (*inflavit rana pellem*). Die zweite Anstrengung kostet schon vier Wörter (*intendit cutem maiore nisu*), und der letzte Anlauf wird in fünf Wörtern geschildert (*dum vult validius inflare sese*): Die unheilvollen »Wachstumsschübe« des Frosches spielen sich förmlich vor den Augen des Lesers ab.

Neid (*invidia*) ist die Ausgangsmotivation des Frosches. Im Laufe seiner Fehlversuche steigert er sich aber auch in Wut hinein: Empörung (*indignata*) treibt ihn zur letzten Anstrengung. Sicher auch ein Ausdruck von Frustration – aber nicht nur. Er ärgert sich maßlos, daß er vor seinen Kindern (*natos*, »Geborene« thematisiert die »Erzeuger-Perspektive« noch ausdrücklich) »versagt«. Und über deren »coole« Antworten: *illi negarunt; illi dixerunt bovem* (»sie verneinten«; »sie sagten: der Ochse«). Kein Trost, keine Aufmunterung, keine Anerkennung des schon »Geleisteten«, kein emotionales Engagement auf seiten der »von ihm Geborenen«, sondern nur ein unbeteiligtes »nö!« – eine Knappheit des Ausdrucks, die auf den ambitionierten Frosch geradezu verletzend wirken muß. Auch daher also die Rage, die ihn ins Unglück treibt – ein Blick auf die stilistisch-formale Gestaltung der beiden »Kinder-Passagen« läßt erkennen, was in dem von Emotionen »zerrissenen« Frosch vor sich geht.

Die ultimative Sperrung ...

Ovids »Sperrungen« sind gut, aber Phaedrus' Hyperbata sind noch besser ... Beobachtungsauftrag an die Leser: Suchen Sie im lateinischen Text zwei Sperrungen, die diese Wertung zumindest nicht widerlegen.

Auflösung: Das erste schöne Hyperbaton liegt in V. 3 vor: rugosam ... pellem: »Die faltige blies er auf Haut«. Adjektiv und Substantiv entfernen sich voneinander, wie sich die Haut vom Körper im Normalzustand entfernt.

Das zweite ist natürlich rupto ... corpore im letzten Vers. »Mit zerplatztem lag er da Körper« – hat man da nicht gewissermaßen das Ergebnis der Explosion vor Augen? Zusammengehöriges liegt überall verstreut herum, der Körper ist so geplatzt wie die »innige« Beziehung zwischen Partizip und Substantiv. Kein appetitliches, aber ein höchst anschauliches Hyperbaton!

Vom Arzt zum Leichenträger – auch in der formalen Gestaltung kein Problem

Von der Fabel zum Spottepigramm. Auch hier treffen wir auf einen Meister seines Faches: Martial war der eigentliche Begründer dieser Gattung. Den nachhaltigen Ruhm seines schriftstellerischen Wirkens verdankt er nicht nur seiner treffsicheren Pointentechnik und spitzen ironischen Feder, sondern auch der sprachlich ausgefeilten Gestalt und Prägnanz seiner bissigen Spottdichtung.

Ein Beispiel für viele muß in diesem Rahmen genügen. Wir wählen eines der Epigramme, in denen Martial sich über die Nonchalance lustig macht, mit der manch einer in Rom den Arztberuf ergriff. Das war der freien Entscheidung eines jeden überlassen. Eine staatliche Approbation gab es nicht; Arzt war jeder, der sich so nannte.

> *Nuper erat medicus, nunc est vispillo Diaulus.*
> *Quod vispillo facit, fecerat et medicus.*
> Neulich war er noch Arzt, jetzt ist Diaulus Leichenträger.
> Was er als Leichengräber tut, hatt' auch als Arzt er getan.

Der erste Vers schildert auf den ersten Blick einen gewaltigen Gegensatz: Ein Arzt gibt seinen Beruf auf und wechselt in die Totengräber-Branche. Man ist erstaunt. Die Auflösung dieses Rätsels erfolgt im zweiten Vers; allerdings erst am Ende. Bei *et* (im Sinne von *etiam*, »auch«) kann man es erahnen; Gewißheit bringt aber erst das letzte Wort: *medicus = vispillo* – das ist die schonungslose Parallele, die Martial aufdecken will. Der anfängliche Gegensatz löst sich auf: Zwar ist die Art der Tätigkeit verschieden, im Falle des Diaulus aber führen beide Berufe zum gleichen Ergebnis: Er bringt die Leute unter die Erde – so oder so.

Bei genauer Beobachtung der sprachlich-formalen Signale kann man allerdings schon im ersten Vers darauf kommen. Die beiden Sätze, deren Subjekt am Ende steht, sind völlig parallel gebaut; und die gleichen Anklänge *nu-* der Zeitadverbien und *e-* der Kopula unterstreichen diese Parallelität auch in lautlicher Hinsicht: in dieser Doppelung offensichtliche Alliterationen, deren Gleichklang den beruflichen Gleichklang des famosen Diaulus nachahmt.

Im zweiten Vers ebenfalls die Hervorhebung des Parallelen: Wie eine Form von *esse* (»sein«) in V. 1 zweimal aufs »gleiche« zielt, so geht diese Wirkung um so nachhaltiger von der zweimaligen Verwendung des noch »zupackenderen« *facere* (»tun«) aus. Das Einzige, das die Verbformen trennt, ist die Zeit. Diesen Kontrast mildert Martial aber dadurch, daß er die beiden Formen von *facere* in der Mitte des Verses direkt aufeinander treffen läßt. Die Zeit-Unterschiede werden vollends durch die Überkreuzstellung der Tempora verwischt: *erat* (Vergangenheit) – *est* (Gegenwart) – *facit* (Gegenwart) – *fecerat* (Vergangenheit). Die Vergangenheit wirkt so als Rahmen für die Gegenwart des Diaulus. Sie begrenzt seine gegenwärtige Existenz, determiniert sie geradezu, indem sie ihn umschließt. Kein Wunder, wenn die Ergebnisse seines beruflichen Daseins aufs gleiche hinauslaufen ...

Im übrigen gilt auch hier: *nomen est omen.* Unser Leichenträger-Arzt trägt nämlich einen sprechenden Namen. Di-aulos ist griechisch »die Doppelflöte« und bezeichnet auch die Rennbahn des Doppellaufs, einer leichtathletischen Disziplin. So wie der Läufer hin und zurück die gleiche Laufbahn absolviert, kehrt auch Diaulus aus seiner Vergangenheit als Arzt auf der gleichen »Laufbahn« in die Gegenwart als Leichenträger zurück.

Wer genau hinschaut, den belohnt der Autor – oder: Lateinische Literatur als Schule sorgfältiger Interpretation

Was sollte vorstehend gezeigt werden? Nicht nur die künstlerische Absicht und Fähigkeit römischer Autoren, Literatur zu »produzieren«, die höchsten ästhetischen Ansprüchen genügt, insofern das formale Niveau dem inhaltlichen angepaßt wird. Sondern auch die Möglichkeit des Lesers, diese ästhetische Dimension durch genaues Hinschauen und Analysieren zu entdecken und an diesen Entdeckungen (»was da alles drinsteckt!«) Freude und Genugtuung zu empfinden.

Natürlich muß jeder an *diese* Art literarischer Interpretation behutsam herangeführt werden. Nicht alles, was »herauszuholen« ist, sollte auch ständig herausgeholt werden. Das notwendige Handwerkszeug wird im Laufe der Zeit immer reichhaltiger, und es wird umsichtiger und routinierter angewendet – ein Handwerkszeug wohlgemerkt, das den Zugang zu *jeder* Literatur, keineswegs nur der lateinischen, ermöglicht.

Man kann es auch im Umgang mit anderen Literaturen erlernen. Hier einen Alleinvertretungsanspruch des Lateinischen zu erheben wäre anmaßend. Es spricht aber einiges dafür, es schwerpunktartig an literarischen Texten der Antike zu erlernen und einzuüben.

Einmal wegen der *durchgängig* intensiven formalen Gestaltung dieser Texte, die in anderen Literaturen so nicht immer durchgeführt ist. Zum anderen wegen der vergleichsweise geringen Lesegeschwindigkeit. Aus sprachlichen Gründen ist es nicht möglich, wie im Deutschen oder Englischen einen Roman oder ein Theaterstück in wenigen Wochen als Ganzschrift im Unterricht zu behandeln. Literarische Makro-Strukturen lassen sich deshalb besser im Deutschunterricht bzw. im neusprachlichen Unterricht der Oberstufe erarbeiten. Das schnelle Lesen ist jedoch – nicht zwangsläufig, aber in der Wirklichkeit oft zu beobachten – der Feind der sorgfältigen philologischen Mikro-Analyse. Anders bei lateinischen Texten. Das sprachliche Erfassen vollzieht sich langsamer. Die Lupe ist gewissermaßen immer zur Hand – so daß sie auch viel schneller und selbstverständlicher dazu benutzt wird, interpretatorische Beobachtungen auf engem Raum zu machen.

Wie gesagt: Diese interpretatorische Kompetenz baut sich allmählich auf. Das beginnt z.T. schon in der Lehrbuchphase. Viele Werke aus der neuen Generation lateinischer Lehrbücher bieten solche Beobachtungs- und Analysieraufgaben in ganz überschaubarem Rahmen an. Da wird dann ab und zu anhand von Lehrbuchtexten Interpretationsfähigkeit eingeübt, die bei der Originallektüre weiter ausgebaut werden kann.

Wer allerdings solche Art von hermeneutischer Kompetenz für gänzlich überflüssig hält, sollte die Axt nicht nur an den lateinischen, sondern an *jeden* Literatur-Unterricht anlegen. Der beruht nämlich – zumal auf der Oberstufe – auf dem bildungspolitischen Konsens, daß die Deutung anspruchsvoller Literatur ein tragender Pfeiler der Kulturkompetenz ist, die das Gymnasium zu vermitteln hat.

Guter Lateinunterricht bereitet schon auf der Mittelstufe ein solides Fundament dafür, die formale Dimension hochkarätiger Literatur zu erkennen und deuten zu können. Er ist mit den Worten Manfred Fuhrmanns ein »vortreffliches Introduktorium für die ästhetischen Qualitäten von Literatur überhaupt«. Auch in diesem Punkt kann altsprachlicher Unterricht ein wirkungsvolles Gegenprogramm zu den Konsum-Tendenzen unserer Zeit bieten, die ja auch vor der Literatur nicht haltmachen.

Ist es nicht schön und erquicklich, die Beine der hübschen Dame nicht nur flüchtig konsumierend *be*-, sondern sie auch mit dem intensiven Blick des (Literatur-)Kenners *durch*-schaut zu haben?

13. Warum Geld nicht stinkt – Kulturgeschichtliche Streifzüge im Lateinunterricht

Grundwissen Altertum – ein neuer Akzent im Lateinunterricht

Weshalb heißen öffentliche Bedürfnisanstalten in Frankreich *vespasiennes*? Der Latein-Schüler hat vielleicht größere Chancen, das zu erfahren, als der Französisch-Eleve. Auf jeden Fall aber hat er gute Aussichten, die dahinter stehende Geschichte auf einem anderen Wege kennenzulernen. Und zwar über das berühmte *non olet*: »(Geld) stinkt nicht«.

Was sich hinter dem geflügelten Wort verbirgt, mutet höchst aktuell an: Der Einfallsreichtum des Fiskus, das Steueraufkommen zu mehren. Der Kaiser Vespasian (69–79) sah irgendwann einmal nicht mehr ein, daß die Gerber und Färber einen ihrer wichtigsten Rohstoffe völlig umsonst bezogen: den Urin, den sie aus öffentlichen und privaten Bedürfnisanstalten abholten. Das kaiserliche Unbehagen hatte Folgen; fortan mußten die Nutznießer eine Abgabe auf diese »Umsätze« entrichten. Vorbei war es mit dem Rohstoff zum Nulltarif. Die Urin-Steuer war geboren.

Sehr zum Verdruß des Kaiser-Sohnes Titus. Der rümpfte im übertragenen Sinne die Nase und machte seinem Vater heftige Vorwürfe – ob *das* denn nicht eine recht anrüchige Steuer-Quelle sei? Daraufhin hielt ihm Vespasian die ersten Geldstücke aus der neuen Steuer unter die Nase und fragte ihn, ob der Geruch ihn störe. Titus verneinte. »Und doch kommen sie vom Urin!« soll Vespasian triumphierend ausgerufen haben. Die doppelte Hommage an dieses Schmunzel-Kabinettstückchen: die »Verewigung« des Steuer-kreativen Vespasian in den *vespasiennes* und das aus der Episode hervorgegangene sprichwörtliche »Geld stinkt nicht«.

Ein ausgesprochenes kulturgeschichtliches »Schmankerl« wie dieses würzt das Lateinlernen und das Eintauchen in eine alte Kultur natürlich nicht alle Tage. Aber es ist doch alles andere als ein Zufallsfund oder ein Einzelstück. Denn die Kulturgeschichte ist im Lateinunterricht stets präsent. Selbst wenn er wollte – er käme gar nicht umhin, auch diese Aspekte der Alten Welt mitzubehandeln. Basiswissen über Geschichte und Religion, Verfassung und Recht, griechische Mythologie und Philosophie, berühmte Politiker und Heerführer auf der einen, Sklaven, Verfolgte und Nonkonformisten auf der anderen Seite, Technik, Architektur, die Stellung der Frau in der römischen Gesellschaft, das Freizeit- und Umweltverhalten, die Arbeitswelt und die Wirtschaft der Römer: Das alles gehört, wie es im Didaktiker-Deutsch heißt, zur Referenzwelt der Lehrbuchtexte und der Originallektüren. Schlichter ausgedrückt: Ohne ein solches Wissen über die Welt der Römer sind viele literarische Texte nicht oder nicht vollständig zu verstehen. In den modernen Fremdsprachen nennt man das »Landeskunde«.

Vieles von dieser »römischen Landeskunde« ist schon immer im Lateinunterricht vermittelt worden – notfalls durch die Texte selbst. Aber oft eher en passant, nicht explizit und aus didaktischer Sicht mehr als Zugabe denn als Thema. Der moderne Lateinunterricht hat sich hier umorientiert, indem er einen stärkeren Akzent auf diese Lernfelder setzt. In neuere Richtlinien ist dieser Lernbereich deshalb als verbindlich aufgenommen worden. Damit wird klargestellt, daß Latein nicht nur Sprach- , sondern auch Sachunterricht ist und sein soll.

Der Lateinunterricht wird dadurch gewissermaßen stärker in die *allgemeine* Bildungspflicht genommen als früher. Denn zu der traditionellen fachimmanenten Notwendigkeit, das Fachwissen zum Verständnis »seiner« Texte bereitzustellen, kommt ihm die allgemeinbildende Aufgabe zu, ein Grundlagenwissen in Sachen Altertum zu vermitteln. Daß die griechisch-römische Antike das geschichtliche und geistige Fundament ist, auf dem Europa gründet, bestreiten auch jene Bildungstheoretiker und -politiker nicht, die nicht gerade als »Antike-Freaks« hervorgetreten sind.

Lateinische Rechtssprichwörter –
und der Latein-Offenbarungseid eines Weltkonzerns

Von der kulturgeschichtlich »folgenschweren« Anekdote zum juristischen »Bonmot«. Die Zahl der lateinischen Rechtsregeln, die juristische Sachverhalte sprachlich pointiert auf einen kurzen Nenner bringen, ist riesengroß.

Die bekannteste lateinische Rechtsregel ist wohl *in dubio pro reo*, »im Zweifel für den Angeklagten«; daneben *nulla poena sine lege* (»keine Strafe ohne Gesetz«), *ne bis in idem* (»nicht zweimal bestrafen für dasselbe Vergehen«); *cui bono?* (»wer hat einen Vorteil davon?«); *summum ius summa iniuria* (»größtes Recht kann größtes Unrecht bedeuten«) und das von Franz Josef Strauß in der Diskussion um die Ostverträge immer wieder bemühte *pacta sunt servanda* (»Verträge müssen eingehalten werden«).

Ein berühmter lateinischer Rechtsgrundsatz betrifft auch die Verpflichtung des Richters zur Neutralität. Er soll beide Streitparteien zu Wort kommen zu lassen: *audiatur et altera pars*, »auch die andere Seite soll gehört werden«. In der Auseinandersetzung mit GM-Opel wegen des übergewechselten Spitzenmanagers Lopez bemühte sich der VW-Konzern im Winter 1996/97 um Sympathie-Werbung in der Öffentlichkeit. Im Zuge dieser PR-Aktion schaltete man in überregionalen Zeitungen auch Anzeigen, die mit lateinischen Rechtsregeln überschrieben waren – so auch *audiatur et altera pars*. Antike adelt und bürgt für Solidität – das war offensichtlich die Überlegung bei diesem PR-Gag. Mit der Solidität war's allerdings nicht ganz so weit her, wenn man weiter las. Da wurde die schöne lateinische Sentenz mit folgenden Worten erläutert: »Die alten Griechen legten diesen Satz dem Richter in den Mund, der in ihren Tragödien über Schuld und Sühne zu urteilen hatte. Die ganze Wahrheit sollte an den Tag kommen.«

Die einzige Wahrheit, die in diesem scheinbar tiefsinnigen PR-Kitsch an den Tag kommt, ist die peinliche Erkenntnis, daß da jemand im Auftrage eines industriellen *global player* die Antike bemühte, dem sogar entgangen war, daß die alten *Griechen* in ihren Gerichten schwerlich lateinisch gesprochen haben dürften. *Diese* (Bildungs-)Tragödie wäre uns erspart geblieben, wenn man zuvor einen Schüler nach dem ersten Lateinjahr konsultiert hätte …

Begriffliche Kontinuität, historische Weihe – Von der Ausstrahlungskraft des »offiziellen« Rom

Nicht nur im Recht, auch im Bereich der politischen Institutionen und der Verfassung lebt vieles Römische weiter. Dabei blicken wir in diesem Kapitel nicht auf die klassischen Werke der Staatsphilosophie in lateinischer Sprache wie Ciceros *De re publica* oder Augustins *De Civitate Dei*, deren Gedanken ja nach wie vor nicht »überholt« sind, sondern zum ehernen Bestand in der Geschichte des politischen Denkens gehören. Wir verweilen statt dessen für einige Augenblicke auf der begrifflichen Oberfläche. Da gibt es in einigen deutschen Stadtstaaten Minister, die den Titel »Senator« führen; in den USA bilden die »Senatoren« ebenso wie in Italien, Belgien, Kanada und Australien eine Kammer des Parlaments. Gerichte bestehen aus mehreren »Senaten«, und das oberste Selbstverwaltungsgremium deutscher Universitäten heißt ebenfalls »Senat«. So unterschiedlich die Funktionen sind, so einheitlich ist der Wille hinter dieser Namensgebung. Die Berufung auf den altrömischen Senat, jahrhundertelang das mächtigste Organ der Staatsverfassung, soll all diesen Gremien gewissermaßen historische Autorität verleihen – unabhängig davon, ob ihre Angehörigen wirklich zu den *senes*, den weisen »Alten«, gehören.

Volkstribunen vertraten im alten Rom die Interessen der Plebejer; die heutige Bezeichnung »Volkstribun« für jemanden, der sich vehement für die – tatsächliche oder vermeintliche – Sache der einfachen Leute stark macht, erinnert daran. Apropos »Plebejer« und »Plebs«: Das ist, schaut man genau hin, eine verräterische Bezeichnung, bei der die Einstellung der Mächtigen gegenüber der Masse kräftig durchschimmert. Der Begriff kommt nämlich von *plere*, »füllen« (vgl. *plenus*, »voll«) und bezeichnet all diejenigen, die den Staat gewissermaßen »auffüllen« – sonst würde das Regieren den Patriziern (das sind die mit den wirklich nennenswerten *patres*, »Vätern«) viel weniger Spaß machen …

Auch die zentralen Schauplätze des alten Rom verleihen ihren Namens-Nachfolgern eine Art historische Weihe und Unangreifbarkeit. Man denke nur an das Capitol, den Sitz des amerikanischen Parlaments. War es geschichtliches Anlehnungs- und Legitimationsbedürfnis, schiere Anmaßung oder bewundernswerter Weitblick, wenn die junge amerikanische Nation sich mit dieser Bezeichnung ganz bewußt auf das altrömische Kapitol als kultisches Zentrum der antiken Metropole und ihres Weltreiches bezog? Oder aber das »Forum«: Politische Verbände, kirchliche Einrichtungen, Unternehmen, Gewerkschaften und Wissenschaftsorganisationen laden heute immer öfter zu »Foren« ein. Die Bezeichnung dient als Chiffre für gehobene Gesprächskultur und suggeriert zugleich, daß dort mindestens so etwas Wichtiges verhandelt werde wie weiland auf dem Forum Romanum, wo die Römer in republikanischer Zeit über wichtige politische Angelegenheiten einschließlich »Schicksalsfragen« ihres Imperiums debattierten.

Leben im Alten Rom – spannend, farbig, unterhaltsam, aber auch ein Stoff für problemorientiertes Nachfragen

Von der »großen« Welt der Mächtigen zum Alltagsleben des Durchschnittsrömers. Moderne Lehrbücher, aber auch thematisch entsprechend akzentuierte Originallektüren räumen diesem kulturhistorisch interessanten und farbigen Thema breiten Raum ein. Da wird man dann mit dem sozusagen prallen Leben in der hektischen, lauten Millionenstadt Rom konfrontiert, mit den Nöten und Sorgen der kleinen Leute, die unter den Umweltbelastungen des antiken Rom am meisten litten: Lärm und Streß, Menschengewühl, Verkehrsstockungen und »Smog«, hohe Mieten und Bauspekulation, Brand- und Einsturzgefahr – das war die Kehrseite des repräsentativen Rom mit seinen »goldenen« Tempeln, großzügigen Foren und prächtigen öffentlichen Bauten.

Die ersten Fahrverbote und Fußgängerzonen der Welt
Verkehrsberuhigungskonzepte für Innenstädte sind nicht erst eine Erfindung der automobilen Gesellschaft des ausgehenden 20. Jh. – das älteste ist vielmehr über 2000 Jahre alt und wurde von Caesar im Jahre 45 v. Chr. für die City von Rom geplant und in die Tat umgesetzt. In einer für alle Städte gültigen Gemeindeordnung (lex Iulia municipalis) wurden für die Hauptstadt speziell sehr restriktive Fahrverbote für Wagen aller Art festgelegt. (...) Ausnahmen galten nur für den Bauverkehr, soweit er sich auf öffentliche Bauten erstreckte, für Angehörige einiger Priesterschaften sowie

die Wagen des Triumph-Zuges und der Circus-Prozession und schließlich
für Leerfahrten von Fahrzeugen, die nachts in die City gefahren waren,
und für die Müllabfuhr. Alle anderen Wagen hatten während der ersten
zehn Stunden des Tages ... striktes Fahrverbot für den innerstädtischen
Bereich mit geschlossener Bebauung.

(K.-W. Weeber, Alltag im Alten Rom. Ein Lexikon, Düsseldorf
4. A. 1998, S. 120)

Rom – das war indes auch eine Metropole, in der es eine vorbildliche Wasserversorgung gab, deren Qualität und Leistungsfähigkeit erst wieder im 20. Jh. erreicht worden ist. Und in der das Freizeitangebot gerade die kleinen Leute für manche Mühsal des Alltagslebens entschädigte: Wagenrennen und Gladiatorenkämpfe, Tierhetzen und Schau-Athletik, Theater und das vielgestaltige Angebot für Körper und Geist in den großen Thermenpalästen – das waren Massenunterhaltungen, die jung und alt, arm und reich faszinierten. Unterhaltungsformen überdies, die das moderne Unterhaltungsangebot für weite Bevölkerungskreise vorgeprägt haben – mit Ausnahme der blutigen Arena-Darbietungen (für die sich die Moderne freilich auch nervenkitzelnde Äquivalente in Form von Autorennen, Stierkampf und *reality-TV* geschaffen hat).

Die Mentalität von *panem et circenses* (»Brot und Circusspiele«) der römischen Kaiserzeit: Ist sie wirklich überwunden, oder feiert sie nicht in Form elektronischer Dauerberieselung und -betäubung fröhliche Urständ? Auch solche problemorientierten Fragestellungen gehören in den Lateinunterricht – zumal manches dafür spricht, daß durch die historische Distanz einiges klarer, weil ohne die Schutz-Scheuklappen der eigenen Zeit erkannt wird. Und das hat – wie so viele Themen im Lateinunterricht – eine ganze Menge mit politischer Bildung zu tun.

Leichtere kulturgeschichtliche Kost kommt aber bei der Behandlung des römischen Freizeitangebots auch nicht zu kurz. Immer wieder überraschende Erkenntnisse: »Schnorrer« in den Thermen? Aber sicher – wer sich geschickt an einen Reichen »hängte«, konnte vielleicht eine Einladung zum Essen ergattern. Wetten bei Wagenrennen? Und ob! Die Pferdebegeisterung der Römer kannte keine Grenzen, und sie wurde zusätzlich dadurch angeheizt, daß fast jeder sich als Fan zu einer der vier großen Rennparteien bekannte.

Schlager im alten Rom? Natürlich – denn viele Theateraufführungen boten populäre Musik-Einlagen, die sich rasch zu volkstümlichen Gassenhauern entwickelten. »Großmaul« Muhammed Ali in einem altrömischen Boxring? Auch das: Das Protzen mit den eigenen Kräften, die schmähende Verhöhnung des Gegners, die »coole« Triumphatorgeste nach gewonnenem Kampf – all das gehörte zum Showbusiness der Schwerathleten.

Wie faszinierend und aktuell kulturgeschichtliche Ausflüge in die römische Vergangenheit sein können, zeigt sich immer wieder beim Thema »Thermen«. Den einen fesselt die technische Seite der antiken Badekultur, die imposante Architektur der großen römischen Badepaläste, das Heizungssystem (die früheste Fußbodenheizung!) und die Wasserversorgung, den anderen das bunte Treiben in den prachtvoll ausgestatteten »Badetempeln«, die zugleich *die* Kommunikations- und Unterhaltungszentren für alle Schichten der Bevölkerung waren – riesige »Spaßbäder«, in denen neben Sport, Spiel und *wellness* auch kulturelle Angebote nicht zu kurz kamen.

Rom und die Christen – ein verbindliches Thema jedes Lateinunterrichts

Feste wurden im Altertum viel stärker als Freizeitvergnügen empfunden als heute. Besonders im harten Leben der unteren Schichten der Bevölkerung waren sie wichtige Höhepunkte der Entspannung und Lebensfreude. Das bekannteste römische Fest waren die Saturnalien. Man feierte sie eine Woche lang, vom 17. bis zum 23. Dezember. *Einen* Tag lang wechselten Sklaven und Herren in vielen Haushalten die Rollen. Darin wird ein egalitärer Grundzug erkennbar – die verschwommene Erinnerung an das »Goldene Zeitalter« unter Saturn, als die Gesellschaft noch keine Klassenunterschiede kannte. An den Saturnalien herrschte eine fröhliche Anarchie, überall wurde üppig getafelt und noch üppiger gebechert. *madidi dies*, »feuchte Tage«, nennt Martial die Saturnalien, und Horaz ergänzt, daß derjenige auffalle, der keinen Rausch habe. Das alles kommt einem sehr bekannt vor – und in der Tat reichen die historischen Wurzeln unserer »tollen Tage« im Karneval bzw. Fasching bis zu den altrömischen Saturnalien zurück.

Und noch ein anderer Brauch der Saturnalien hat in den christlichen Festkalender Eingang gefunden: Unsere Weihnachtsgeschenke stehen in der Tradition der Saturnalien, die ja auch zeitlich ganz nah am Weihnachtsfest liegen. Für die Saturnalien-Geschenke gab es im alten Rom einen eigenen Markt – nicht weit von der Piazza Navona entfernt, auf der heutzutage der berühmteste römische Weihnachtsmarkt aufgebaut wird.

Das Datum unseres Weihnachtsfestes ist übrigens ebenfalls römischen Ursprungs. Nirgendwo in der Bibel gibt es einen konkreten Hinweis auf den Geburtstag Christi. Für die frühen Christen, die eine baldige Rückkehr des Heilands und damit das Ende der Welt erwarteten, stellte sich die Frage zunächst nicht. Erst als es galt, sich im »Wettbewerb« mit anderen Religionen zu behaupten, schenkte man ihr größere Aufmerksamkeit – und löste im 4. Jh. das Problem mehr oder weniger elegant dadurch, daß man den Geburtstag des »konkurrierenden« Sonnengottes Sol am 25. Dezember kurzerhand zum Geburtstag des eigenen Gottes erklärte (da Christus ja die wahre Sonne der Welt sei ...). So wurde die hochsymbolische und »festintensive« Zeit um die Wintersonnenwende herum nunmehr auch christlich »genutzt«.

Das bringt uns zu einem weiteren grundlegenden geschichtlichen Thema, das in jedem Lateinunterricht behandelt wird: Das Verhältnis zwischen früher christlicher Kirche und römischem Staat ist Gegenstand von Lehrbuch-Lektionen in fast allen Unterrichtswerken – religions- und kulturgeschichtliches Pflichtprogramm sozusagen. Eine Vertiefung kann später durch die Wahl einschlägiger Originalautoren oder in einer thematischen Lektüre erfolgen.

Ganz gleich, ob man sich zum Christentum bekennt oder nicht – die wichtigsten Stationen beim Aufstieg des Christentums zur Staatsreligion im Römischen Reich zu kennen (und damit die Grundlage dessen, was dann als »christliches Abendland« bezeichnet zu werden pflegt), gehört schlicht zur Allgemeinbildung. Der Lateinunterricht bietet die Chance, die wichtigsten Etappen dieses spannenden Prozesses gewissermaßen authentisch nachzuvollziehen – nämlich in der Sprache der damals handelnden Akteure. Der große Brand Roms in neronischer Zeit und die erste Christenverfolgung, die berühmte Anfrage des Statthalters Plinius, wie er mit diesen »merkwürdigen« Christen umzugehen habe, und die vergleichsweise großzügige Antwort Kaiser Trajans (Plin. ep. X 96/97), der folgenschwere Traum Konstantins des Großen (*in hoc signo vinces* bzw. *hoc vince!*; »in diesem Zeichen wirst du siegen«; »in diesem Zeichen siege!«), das Duldungsedikt und der Triumph des Christentums, Auszüge aus Märtyrerakten und Kernstellen aus der Vulgata, der »volkstümlichen« lateinischen Bibelübersetzung – das ist eine Auswahl von Themen, die anschaulich in das weltgeschichtlich bedeutsame »Basiskapitel« christlicher Kirchengeschichte einführen.

Zeus, Ödipus und Co. – Der etwas anspruchsvollere Zugang zu antiker Mythologie

Zum im weiteren Sinne kulturgeschichtlichen Bildungsgut aus dem Altertum gehört natürlich die Mythologie. Die Gestalten der antiken Helden- und Göttersagen sind auch in unserer Zeit noch allgegenwärtig; ob in »historischen« Film-»Schinken« à la Herkules, in espritvoll-ironischen Rezeptionen wie Loriots »Ödipussi«, in Christoph Ransmayrs großem Roman »Die letzte Welt« mit ihrem »ovidischen Repertoire« mythologischer Figuren oder in den vielen sprichwörtlichen Redensarten, in denen wir uns auf mythische »Vorbilder« beziehen. Wir sprechen vom »Trojanischen Pferd« und von einer »Sisyphus-Arbeit«, vom »Paris-Urteil« und von der »schönen Helena«, von der »Büchse der Pandora« und von »Tantalus-Qualen«. »Heidnische« Götter sind, über anderthalb Jahrtausende, nachdem sie vom Christentum entthront worden sind, ganz selbstverständlich in aller Munde: Amor ist uns genauso geläufig wie Mars, Aphrodite/Venus ebenso wie Poseidon/Neptun. Wir lassen uns von den Musen ebenso gerne küssen, wie wir uns von den Jüngern Äskulaps Pillen verschreiben lassen. Ikarus und Ödipus, Prometheus und Narziß, Odysseus und Orpheus, die Nymphen und die Amazonen – das sind Chiffren für eine bestimmte Haltung oder ein bestimmtes Verhalten. Sicher, man kann diese Begriffe mit ihren ungefähren Inhalten wie Vokabeln lernen und sie dann mehr oder weniger passend verwenden oder verstehen.

Wer sich dabei indes auf einigermaßen sicherem Terrain bewegen und peinliche Fehlleistungen à la VW-Werbung (s. S. 116) vermeiden will, tut gut daran, die ursprünglichen Zusammenhänge kennenzulernen, in die diese mythologischen Gestalten eingebunden sind. Zu diesem utilitaristischen Vorteil, beim *name dropping* auf einigermaßen gesichertem Wissensfundament zu stehen, kommt ein zweiter, ungleich wichtigerer: Wer sich auf antike Mythologie »einläßt«, taucht in eine faszinierende, anschauliche Welt ein. Da werden auf der Oberfläche interessante, ja spannende Geschichten erzählt, hinter denen sich aber auch noch eine andere »Wahrheit« verbirgt – die »Wahrheit des Mythos« mit der ihm eigenen scheinbar schlichten, plastischen Form der Welterklärung und -deutung. Die unterhaltsame, *action*-geladene *story* ist oft genug das Vehikel, tiefe Einsichten und provozierende Denk-Anlässe zu transportieren – das ist sicher eines der »Erfolgsgeheimnisse« antiker Mythologie und ihrer ungeheuren Wirkungsgeschichte in der europäischen Tradition bis auf den heutigen Tag.

Die Römer waren die ersten, die das reiche mythologische Gewebe der Griechen übernommen und selbst weiter daran gewoben haben – und für die gesamte abendländische Literatur- und Kunstgeschichte hat sich die griechisch-römische Sagenwelt als schier unerschöpfliches Reservoir erwiesen, als Fundgrube immer neuer Anregungen zum Nach-Denken und Um-Gestalten.

Der Lateinunterricht macht seinen Schülern das Angebot, zentrale Stoffe der antiken Mythologie kennenzulernen und sich damit auseinanderzusetzen. Alle Lehrbücher haben mindestens eine längere Sequenz von Lektionen mit einschlägiger Thematik. Der »Unterhaltungswert« dieser Lektionen wird von den Schülern als recht hoch eingeschätzt. Oder, vornehmer ausgedrückt: Sie bergen ein hohes Motivationspotential. Die Texte und Bilder ermöglichen es aber auch, selbst mit jüngeren Schülern über den Kern eines Mythos, das Wesen einer Sagengestalt oder die tiefere Bedeutung einer mythologischen Erzählung zu sprechen. Auch wenn es in späteren Jahren zu der wünschenswerten Vertiefung in Form einer Lektüre von »Metamorphosen« Ovids nicht kommt, ist doch aufgrund (auch sprachlich) intensiver Auseinandersetzung mit ausgewählten Mythen eine fruchtbare Begegnung mit einer Materie erfolgt, die offensichtlich nicht auf den Müllhaufen überholten Bildungsballastes gehört. Und schon gar nicht, um beim Thema zu bleiben, in einen imaginären Augias-Stall voll altem Bildungsmist …

14. Multikulturelles Lernen im Lateinunterricht? – Aber sicher!

Wie man Außenseiter mißbraucht –
Rom nach dem Brand des Jahres 64

Im Jahre 64 tobte ein entsetzlicher Brand durch Rom. Neun Tage lang hielt die Feuerkatastrophe die Hauptstadt im Würgegriff. Die Bilanz des verheerendsten Brandes, der Rom je heimgesucht hatte, war niederschmetternd: Nur vier von vierzehn Stadtbezirken blieben verschont, während drei von Grund auf zerstört wurden.

Wie war es zu dieser Katastrophe gekommen? In Rom hielten sich hartnäckig Gerüchte, der Kaiser selbst habe den Brand legen lassen: Die Zerstörung großer Areale erlaubte es ihm, seinen Traum von einem gigantischen Palast, der *domus aurea* (»Goldenes Haus«), zu verwirklichen. Zeugen wollten gesehen haben, wie einige als kaiserliche Agenten verdächtigte Männer die Löscharbeiten massiv behindert, andere sogar zusätzliche Brandsätze geworfen hätten. Außerdem wurde gemunkelt, daß Nero während des Brandes auf die Hausbühne seiner Residenz getreten sei und dort den Untergang Trojas besungen habe.

Eine gefährliche Stimmung, die den Kaiser in Zugzwang brachte. Und er handelte auf eine für Despoten typische Weise: Neben einigen karitativen Maßnahmen zugunsten der Opfer ließ er die Fama von einer Verschwörung von Staatsfeinden verbreiten, die für das Unglück verantwortlich seien. Die Katastrophe gehe auf das Konto einer merkwürdigen Sekte namens *Chrestiani* oder *Christiani* – sie hätten, von »Haß auf die Menschheit« besessen, große Teile der Hauptstadt in Schutt und Asche gelegt.

Das klassische Sündenbock-Muster funktionierte. Nero brachte sich selbst aus der »Schußlinie« und machte die ohnehin beargwöhnte Minderheit zur Zielscheibe. Und zwar nicht nur im übertragenen Sinn: Mit größter Brutalität wurden die »Schuldigen« in zynisch inszenierten »Schauspielen« hingerichtet.

Die Grausamkeit, mit der Nero diese erste Christenverfolgung betrieb, ließ zwar bei einigen den Argwohn wiederaufleben, daß da einer sein schlechtes Gewissen durch äußerste Härte kompensierte (obwohl der Kaiser nach heutigem Stand der Wissenschaft eher *nicht* der Brandstifter war) – gleichwohl war man sich einig, daß diese Leute ihre Strafe verdient hätten.

Unabhängig davon, ob die Christen im Hinblick auf die aktuelle Straftat möglicherweise unschuldig verfolgt wurden, waren sich Volk und Intellektuelle einig: Wer zu dieser Sekte gehörte, war »schuldig und verdiente härteste Strafe«. So urteilt der Historiker Tacitus, und der Kaiser-Biograph Sueton bestätigt, daß damals ein Menschenschlag zu Sündenböcken auserkoren worden war, »der sich einem neuen und ruchlosen Aberglauben hingegeben hatte.«

Das Verwerfliche in den Augen des Normal-Römers war nicht die Tatsache, daß eine – noch kleine – religiöse Gemeinschaft einem Heiland huldigte, dem andere keine göttlichen Ehren erweisen mochten. Die römische Religion war im allgemeinen sehr tolerant. Sie gestattete es jedem, Mitglied in einem oder mehreren Privatkulten zu sein, die sein Bedürfnis nach Transzendenz erfüllten. Wer sich der Staatsreligion nicht offen widersetzte, dem begegneten Staat und Gesellschaft ausgesprochen liberal.

Die Christen mußten Außenstehenden freilich gerade deshalb als radikale, fanatische Sekte erscheinen, weil ihr Glauben den Kompromiß einer »zweiten« Religion nicht zuließ. In der Öffentlichkeit fielen sie durch ihre Andersartigkeit auf. Sie mieden religiöse Festveranstaltungen. Viele gingen nicht einmal zu den prächtigen Schauspielen, weil die im heidnischen Kult verwurzelt waren. Andere erschienen von so penetranter Moralität, daß mancher »Normale« das als Heuchelei oder als ständigen stillschweigenden Vorwurf ihm persönlich gegenüber mißdeutete. Der Rückzug vieler Christen in die Familie und in die Gemeinde schuf Mißtrauen.

Es war ein Teufelskreis: Indem sie in der Gesellschaft möglichst wenig anzuecken versuchten, sich aber auch nicht durch heidnische Praktiken vereinnahmen und zur Sünde verleiten lassen wollten, entfremdeten sich die frühen Christen zwangsläufig ihrer Umgebung. Gleichzeitig war es wenig ratsam, allzu offensive »Öffentlichkeitsarbeit« zu leisten: Das hätte den Konflikt in Sachen Staatsreligion nur noch verschärft. Eben deshalb aber schossen die Gerüchte ins Kraut. So gesehen war es aus Neros Sicht ein geschickter Schachzug, die Christen als ohnehin mißtrauisch beäugte »fanatische« Minderheit als Sündenbock auszuwählen.

Abgehakte Vergangenheit? –
Oder: Überheblichkeit dank technischer Überlegenheit

Das ist fast zweitausend Jahre her. Auch wenn sie sich nur selten ganz offen zu Wort meldet (eine leise Ahnung eigener Ignoranz, ein latentes Bewußtsein der eigenen Engstirnigkeit scheint als Bremse zu wirken) , so gibt es doch gegenüber so lange vergangenem Geschehen die durchaus verbreitete Mentalität der achselzuckenden »Ja, und«-Frage. Was geht's uns an? Wir leben heute: Nero ist lange tot, das römische Kaiserreich ist zerfallen, der »heidnische« Polytheismus ist »überwunden«, die Probleme der frühen Christen mit dem römischen Staat unterscheiden sich gewaltig von den Problemen heute lebender Christen (jedenfalls in der »westlichen« und großen Teilen der übrigen Welt), gegen Brandkatastrophen, wie sie das alte Rom mit periodischer Regelmäßigkeit heimsuchten, gibt's heute effiziente Feuerwehren, und das Abhören mutmaßlicher Staatsfeinde ist, dem technischen Fortschritt sei Dank, spielend einfach geworden. Kurzum, es ist eine fremde, vergangene Welt, in die wir da schauen – während unser eigentlicher Blick doch auf die Zukunft gerichtet sein sollte. Dort, im 3. Jahrtausend, liegt die Lösung für all die drängenden Probleme unserer Zeit.

Das Wühlen und Herumstochern in Problemen und Fragestellungen einer »abgeschlossenen« Vergangenheit – zumal wenn sie »so weit« entfernt ist – »bringt« doch einfach »nichts«. Egal, wer sich auf diesem entlegenen Feld tummelt – ob leicht verschrobene Hobbyisten, Gegenwarts-Eskapisten oder schwärmerische Nostalgiker – sie allesamt sind ganz liebenswerte Orchideen-Züchter; nur eines haben sie noch nicht so recht gemerkt: ihr Gärtchen ist der Friedhof der Geschichte. Eigentlich schade. Aber es hilft nichts: *tempi passati*.

Wohl wahr. Die Antike *ist* eine uns fremde Welt, von der uns die

Industrielle Revolution – oder besser: die Industriell*en* Revolutionen: soviel zur scheinbar größeren Aktualität des 18. und 19. Jh. – mit ihren gewaltigen Folgen trennt. Herrschaftsformen und gesellschaftliche Strukturen haben sich verändert, technische Errungenschaften und Medien prägen unser heutiges Leben und bieten dem einzelnen viel größere Freiheitsräume, z. B. hinsichtlich der Mobilität in Alltag und Urlaub, sowie riesige Informationsmöglichkeiten – womit allerdings neue Zwänge und Abhängigkeiten einhergehen. Das Konsum-Angebot einer westlichen Gesellschaft übertrifft das der Antike um ein Vielfaches – mit den entsprechenden Auswirkungen auf die Bedeutung der Erwerbsarbeit und dem damit verbundenen Leistungsdruck. Der moderne Mensch hat sich aus den Bindungen »fremdbestimmender« Traditionen stark emanzipiert; er entbehrt damit allerdings auch der Geborgenheit und Sinnstiftung, die eine traditionalistische Gesellschaft dem Individuum bietet.

Man könnte über Seiten fortfahren, die Unterschiede zwischen der Antike und der Moderne aufzulisten. Gewiß treten bei einem solchen Vergleich auch große Mentalitätsunterschiede zutage, aber die meisten Diskrepanzen ergeben sich doch bei der *äußeren* Organisation des Lebens und bei den Lebensumständen. Was dagegen Werte und Normen, was Fragen des sozialen und gesellschaftlichen Miteinanders, was den Sinn des Lebens und Einstellungen zum Leben, kurz: was Grundfragen der menschlichen Existenz angeht, sind wir nach wie vor auf der Suche. Da gibt es nichts, was man als Errungenschaften im naturwissenschaftlich-technischen Sinne des einmal »Gefundenen«, Entdeckten und damit »Gültigen« bezeichnen könnte.

Aufgrund seiner gewaltigen technischen Errungenschaften neigt der moderne westliche Mensch dazu, sich selbst als Krone der Schöpfung zu feiern. Die Macht, die er bei der Gestaltung seiner äußeren Lebensbedingungen gewonnen hat, vermittelt ihm ein immenses Überlegenheitsgefühl. Anwandlungen von Allmachtsphantasien liegen da nicht fern. Sie verführen uns nicht gerade dazu, nach Alternativen zu suchen, uns kritisch zu fragen, ob wir unser Leben und unser Zusammenleben nicht auch anders organisieren könnten, ob nicht auch andere Wertsetzungen in Frage kommen. Reformstau und Erstarrung sind die Schlagwörter in der politisch-gesellschaftlichen Diskussion des ausgehenden Jahrtausends – Synonyme dafür, daß die Gesellschaft sich an ihre »Selbstverständlichkeiten« klammert, dieses »Selbstverständliche« zu wenig in Frage stellt und nicht den Willen und die Phantasie hat, Glück und Lebenserfüllung anders zu definieren als über Konsum und *fun*. Daß die moralische Weiterentwicklung des Menschen mit der technischen nicht Schritt gehalten hat, ahnen wir. Daß dieses Auseinanderklaffen des Fort-Schritts besonders riskant ist, weil unseren größeren technischen Möglichkeiten eigentlich ein mindestens so großer Zuwachs an Verantwortung entsprechen müßte, machen wir uns selten klar. Das würde zu stark an unserem Selbstwertgefühl nagen.

Toleranz gegenüber anderen Lebensformen, Werten und Inhalten zeichnet den modernen Menschen nicht gerade aus. Angesichts der Erstarrung und des objektiven Problemdrucks wäre es gleichwohl hilfreich, zu den scheinbaren Selbstverständlichkeiten mitunter größere Distanz zu gewinnen.

Multikulturelles Denken in der historischen *Vertikalen*

Als »Rezept« für größere Toleranz gegenüber anderen Kulturen, aber auch als Denkangebot zur Überwindung eigener verhärteter Standpunkte sowie des diffusen Unbehagens, das viele empfinden, wird seit einigen Jahren multikulturelles Denken gehandelt. Indem ich mich auf die Vorstellungen anderer Kulturen einlasse, überwinde ich meinen Absolutheitsanspruch, werde offener und tolerant – und erkenne ganz einfach, daß »es auch anders geht«. Ich lerne, den anderen und das andere eher zu akzeptieren, und werde mir der Relativität und Frag-Würdigkeit meiner eigenen Positionen bewußt – das ist Multikulti-Credo.

Da geraten dann ostasiatische Religionen und Weisheitslehren ebenso in den Blickpunkt wie islamische Traditionen und die von ihnen geprägten Lebensformen. Die »Traumpfade« der australischen Aborigines erhalten auf einmal eine gewisse Aktualität, mediterrane Lebensstile finden nicht nur in der spezifischen Ausprägung der Toscana-Fraktion Aufmerksamkeit, Musik aus Afrika, aus der Karibik und aus Südamerika wird viel »ernsthafter« rezipiert – kurz, Europa öffnet sich allmählich auch dieser Form der Globalisierung.

Multikulturalität ist ohne Zweifel ein Konzept, das geistige Bereicherung und Horizonterweiterung verspricht – vorausgesetzt, es kommt nicht als bornierte esoterische Marotte oder folkloristisches Spektakel daher.

Erstaunlich ist allerdings, daß der Begriff der Multikulturalität fast immer nur in Bezug auf die historische Horizontale verwendet wird. Will sagen: Nur im Hinblick auf *gleichzeitige* Zivilisationen. Das macht nur unter dem Aspekt *praktizierter* Toleranz gegenüber Angehörigen fremder Kulturen Sinn. Was aber die anderen »Lernziele« multikulturellen Denkens angeht – grundsätzliche Toleranz, Infragestellen des eigenen Standpunktes, Lernen vom Fremden –, greift das übliche Verständnis des Begriffs deutlich zu kurz.

Denn man kann multikulturelles Denken selbstverständlich auch an geschichtlichen Studienobjekten trainieren. Die Auseinandersetzung mit vergangenen Zivilisationen ist ja auch ein Sich-Einlassen auf Ungewohntes, Fremdes. Warum sollte man sich dort keine Anregungen holen können, die die Verkrustungen und Denkblockaden durch das scheinbar Selbstverständliche der eigenen Zeit hier und da aufbrechen können – einfach indem sie anschaulich machen, daß Menschen früherer Epochen ihr Leben anders organisiert haben und es damit auch – und in der einen oder anderen Hinsicht möglicherweise sogar besser oder jedenfalls zufriedener – bewältigt haben? Diese Chance, Denkanstöße über das Kennenlernen vergangener Kulturen zu erhalten, läßt sich als multikulturelles Lernen in der historischen Vertikalen bezeichnen.

Es empfiehlt sich allerdings, Studienobjekte auszusuchen, die nicht durch allzu große Fremdheit verwirren oder gar abschrecken. Oder, weil sie allzu weit von der Realität und dem Vorstellungs- und Einfühlungsvermögen des Betrachters entfernt sind, auf Motivationsprobleme stoßen, weil das *quid-ad-nos* (was geht's *uns* an?), der mögliche Gegenwartsbezug, im Dunkel bleibt. Oder die im Sinne multikultureller Erfahrung erst dann wirksam werden können, wenn zuvor ein solides Fundament aus Vorkenntnissen gelegt wird, damit die geistige Auseinandersetzung mit dieser Zivilisation seriös erfolgt, ihr gerecht wird und sie nicht zum dilettantischen Ausbeutungsobjekt abendländisch geprägter »Sinnsucher« degradiert wird. Insofern erscheinen z. B. weder die tibetanische Kultur noch die Südsee- oder Eskimo-Kulturen als *allgemeine* Studienobjekte geeignet.

Entfernte Verwandtschaft:
Die Antike als das »nächste Fremde«

Die griechisch-römische Zivilisation weist gegenüber den gerade erwähnten Kulturen einen entscheidenden Vorteil auf: Sie ist uns einerseits fremd. Andrerseits bildet sie die Grundlage, auf der unsere eigene Kultur aufbaut. Dadurch erscheint sie nicht in unerreichbarer Ferne, sondern sie ist erkennbar mit uns verwandt. Zahlreiche Traditionsstränge reichen von dieser vergangenen Kultur in unsere Gegenwart; ja, sie ist ein Teil unserer Welt. Uvo Hölscher hat dafür einen anschaulichen Begriff geprägt, der dieses Verhältnis auf den Punkt bringt: Die Antike ist das uns »nächste Fremde«.

Kehren wir jetzt zu dem eingangs beschriebenen Beispiel der Christenverfolgung in neronischer Zeit zurück. Die fremdartigen Züge des Geschehens sind ja bereits herausgestellt worden. Wenn wir jetzt auf das »Nahe« an diesem Fremden schauen, läßt sich zunächst feststellen: Es handelt sich hier um einen geradezu exemplarischen Fall für den – problematischen – Umgang mit Minderheiten, der von seiner Aktualität und Brisanz nichts eingebüßt hat. Ähnliche Konflikte sind auch in unserer Welt an der Tagesordnung – und leider auch vergleichbare Strategien, Minderheiten als Sündenböcke zu mißbrauchen. Autoritäre und diktatorische Regime stehen mit ihrer intoleranten Minderheiten-Politik in Neros historischer Nachfolge.

Aber auch demokratische westliche Gesellschaften tun sich bekanntlich mitunter schwer im Umgang mit Gruppen, die vom *mainstream* abweichen, bzw. mit »auffälligen« Außenseitern. Bemerkenswert daran ist, daß sich diese Gesellschaften allen Säkularisierungstendenzen zum Trotz als christlich definieren: Aus der verfolgten Minderheit des Jahres 64 ist die nunmehr Maßstäbe setzende Mehrheit geworden. Gehört zu diesen Maßstäben auch die *praktizierte* Toleranz gegenüber »Sonderlingen«? Oder hat sich die Kompromißlosigkeit der frühen Christen gegenüber den Ansprüchen des römischen Staates im Zeichen der *ecclesia triumphans*, der »triumphierenden Kirche«, fortgesetzt – nunmehr mit umgekehrtem Vorzeichen?

Ob man diesen Schluß ziehen will, steht dahin; und es ist in unserem Zusammenhang auch sekundär. Unabweisbar aber ist, daß da in der Auseinandersetzung mit den Ereignissen des Jahres 64 auch unsere Geschichte verhandelt wird, daß wir in einer christlich geprägten Kultur und in einer auf christliche Grundwerte verpflichteten Gesellschaft dieses historische Erbe nicht leugnen können. Und daß darüber hinaus Konflikte zwischen einer Glaubensgemeinschaft und einem Staat bzw. Auseinandersetzungen zwischen der Gesellschaft und einer nicht anpassungsbereiten Minderheit keine Angelegenheiten wären, für die nur Historiker Interesse aufbrächten.

Hinzu kommt: Die historische Distanz erleichtert es, die Gründe und Anlässe für solche Konflikte nüchterner, weniger parteiisch zu analysieren als bei aktuellen Streitfragen. Wer sich mit geschichtlichen Sachverhalten beschäftigt, tut das in der Regel distanzierter. Er braucht nicht so schnell ein Ergebnis zu befürchten, das ihm selbst, seiner politischen Partei, seiner sozialen Schicht oder seiner Glaubensgemeinschaft nicht so recht ins ideologische Konzept paßt. Wer aber an einem historischen Untersuchungsgegenstand eine strukturelle, d.h. zu verallgemeinernde Einsicht gewonnen hat, kann sich bei der Übertragung dieses Ergebnisses auf vergleichbare aktuelle Gegebenheiten nicht so einfach an der eigenen Einsicht vorbeimogeln – was zumindest gewisse Chancen eröffnet, den Ideologen in sich selbst zu überlisten.

Ein fulminantes Plädoyer für die Notwendigkeit von Geschichtsunterricht, mag es manchem Leser durch den Kopf gehen. Aber was hat das mit Latein zu tun?

Intensiver Dialog mit »Klassikern« –
Lateinunterricht als Ort historischer Kommunikation

Zum einen ist schlicht festzustellen, daß die eigentlichen Sachwalter der Antike im Schulunterricht heutzutage die Alten Sprachen sind. Einzelfälle mögen dagegen sprechen, aber in der Tendenz fristet das Altertum im Geschichtsunterricht kaum mehr als ein Mauerblümchen-Dasein.

Andrerseits präsentiert sich der Fundus an Alternativen und nicht nur stromlinienförmigen Denkangeboten, an tatsächlich oder vermeintlich Überholtem, an unbestreitbar Aktuellem und an für die europäische Tradition Fundamentalem in aller Regel in einer literarisch und sprachlich hochkarätigen Form. Gehalt und Gestalt bilden in der antiken Literatur eine Einheit. Das sind nicht nur sachlich interessante Fallbeispiele, sondern gleichzeitig kleinere oder größere sprachliche Kunstwerke, überlegt geformte Texte mit auch ästhetischer Wirkungsabsicht. Diese Kombination aus gehaltvoller und, wenn man so will, überzeitlich gültiger Sachaussage plus literarisch anspruchsvoller Form ist vermutlich ein wesentliches Geheimnis des sogenannten Klassischen.

Der Autor bekennt, daß er dem Begriff des Klassischen eher skeptisch gegenüber steht. Und zwar deshalb, weil sich mit ihm zu lange der Gedanke des Vorbildhaften, Verpflichtenden, über Kritik Erhabenen verbunden hat. Wenn damit indes auf die Tatsache hingewiesen wird, daß die griechischen und lateinischen Texte des Altertums in der europäischen Geistestradition immer wieder befragt und mannigfach rezipiert worden sind, als Ausgangspunkt für eigenes Denken und Ansporn zum Weiter- und Darüber-hinaus-Denken geschätzt worden sind und insofern ihre Frische und Lebendigkeit über das Ende der Antike hinaus bewahrt haben, dann kann er sich mit dem Begriff »klassisch« anfreunden.

Was unser konkretes Beispiel, die erste Christenverfolgung durch Nero, angeht, so liegt ihm eine berühmte Passage aus den »Annalen« des Tacitus zugrunde. Zugegeben: Nur wenige Schüler kommen im Lateinunterricht so weit, Tacitus im Original zu lesen. Insofern gehört dieser konkrete Text sicher nicht zum Standard-Repertoire des Lateinunterrichts; wohl aber in vielen Fällen ein an das Original angelehnter Lehrbuch-Text. Anders als im Geschichtsunterricht werden solche Texte im Lateinunterricht nicht nur als schon übersetzte Quellen gelesen oder behandelt, sondern sie müssen erst einmal sprachlich erschlossen werden. Das eröffnet Möglichkeiten einer besonders intensiven Behandlung und vertieften Interpretation: Der Gefahr eines konsumierenden »Durchjagens« durch einen anspruchsvollen Text, dessen »Hauptaussage« man nach flüchtiger Lektüre verstanden zu haben glaubt, wird dadurch energisch begegnet. Allerdings hat man nicht immer den Eindruck, daß die dadurch geöffneten Interpretationsräume hinreichend genutzt werden.

Lateinunterricht, der sich zu stark auf das rein Sprachliche konzentriert und darüber die inhaltliche Auseinandersetzung mit anspruchsvollen Texten vernachlässigt, droht eben das zu unterbinden, worauf sich Anspruch und Reiz multikulturellen Lernens in der historischen Vertikalen gründen: den Dialog zwischen dem Text und seinem Leser. Wenn es richtig ist – wovon jeder Altphilologe ausgeht –, daß literarische Texte der Antike zu allen Lebensbereichen nach wie vor Substantielles, Bedenkenswertes zu sagen haben, dann ist es ein sachliches Erfordernis und zugleich eine pädagogische Verpflichtung, daß die Schüler sich mit deren Aussage gründlich auseinandersetzen. Man kann auch sagen: mit dem Autor in ein Gespräch eintreten, das methodisch zunächst als Interpretation im literarisch-philologischen Sinne angelegt ist, sich von da aus aber auch zu einem grundsätzlicheren Gedankenaustausch über kleine oder große Fragen unseres Lebens, unserer Lebensgestaltung und Lebensziele öffnen kann. Etwas hochgestochen, aber in der Sache völlig zutreffend, wird das in Didaktiker-Kreisen seit einigen Jahren mit dem Zauberwort »historische Kommunikation« bezeichnet.

Ein Tummelplatz des Querdenkens –
Vom Reiz des Unzeitgemäßen

Manche altgedienten Lateiner zucken vor dem Begriff zurück, weil sie ihn für einen reichlich modischen Terminus halten. In Wirklichkeit beschreibt er recht präzise die Bildungs-Intention, die sich mit der Begegnung zwischen heutigem Leser und »altem« Text verbindet: Über die geschichtliche Distanz von rund zweitausend Jahren hinweg soll sich der moderne Rezipient zunächst einmal auf das einlassen, was ihm der fremde Text mitteilt – nicht sofort abwinken, sich nicht der als Uralt-*message* beargwöhnten Aussage verschließen, nur weil sie recht betagt und in einer ungewöhnlichen sprachlichen Verpackung daherkommt. Toleranz zeigen – vielleicht findet sich ja in diesem suspekten literarischen Seniorenheim doch nicht nur abgestandener Bildungsmief und obsoleter Traditionsballast.

Gewiß, es ist erst einmal eine fremde Welt, die man da betritt. Aber gibt es nicht auch einen Reiz des Unzeitgemäßen? Ist das nicht auch eine Art Alternativ-Szene, die als Ventil gegenüber dem tagtäglichen Anpassungsdruck nutzbar ist? Ein reger geistiger Tummelplatz mal heiteren, mal ernsten Querdenkens? Man muß doch das andere, das Fremde nicht immer gleich als verunsichernd, als unbequem oder gar bedrohlich empfinden, sondern kann es als willkommene Herausforderung zum Nachdenken, vergleichenden Abwägen und klareren Bestimmen des eigenen Standpunktes begreifen.

Darf man als »Linker« für Latein sein? – Argumentationshilfe für Skeptiker

Diese Einladung anzunehmen bedeutet: die klassischen Texte ihrer Klassizität zu berauben, ihnen ihre Geschichtlichkeit und mit ihrer Geschichtlichkeit jene Kraft des Widerspruchs zurückzugeben, die sich der Domestizierung verweigert und so, als antagonistische Potenz, in einer Welt der totalen Funktionalität auf einen Gegenbezirk verweist, dessen Wesen es ist, nicht verfügbar zu sein. (…)

Das historische Potential – aufklärerisch interpretiert und kritisch durchdrungen – gewinnt, mit Adorno zu sprechen, den Charakter eines Gegen-Elements zu jener »zwanghaften Unmittelbarkeit«, die, unter Effizienz-Gesichtspunkten den Wissenschaften abverlangt, »die Menschen daran hindert, den Mechanismus zu erkennen, der sie verstümmelt.«

(Walter Jens, Antiquierte Antike? Perspektiven eines neuen Humanismus, in: Republikanische Reden, München 1976)

Natürlich gibt es da in den lateinischen Texten arge Provokationen moderner Überzeugungen: die Sklaverei, die Stellung der Frau, Gladiatorenkämpfe, um nur die »beliebtesten« Steine des Anstoßes zu nennen – wobei die Provokation, konstruktiv genutzt, ja auch darin bestehen kann, über Relikte oder Varianten solch scheinbar vorsintflutlicher Verhältnisse in der eigenen Gesellschaft nachzudenken.

Andrerseits stößt man auf Überraschendes: Liebe als Lebensinhalt, ja geradezu Lebensform – und das im »strengen« alten Rom! (bei Catull und den Elegikern); Mythos als Weltdeutung (von wegen »Märchenonkel« Ovid!); Tradition (*mos maiorum*) als sinnstiftender Bezugsrahmen, Geschichtsschreibung als engagierte »Einmischung« (Sallust, Tacitus); Satire als kunstvoll-unterhaltsame Gesellschaftskritik (Horaz, Martial, Juvenal); Philosophie als *intellektuelle* Versicherung gegen die Wechselfälle des Lebens (Seneca); Rhetorik als »Dienst« an der Gemeinschaft (Cicero) – das ist nur eine kleine Auswahl von »Konzepten«, die nachdenkenswert erscheinen, obwohl oder gerade weil sie sich heutigen Zeitgeist-Aktualitäten sperrig entgegenstellen.

Zu einer echten Kommunikation gehört auch die Gleichberechti-
gung der Dialogpartner. Das heißt ganz konkret: Womit die Texte
uns konfrontieren, sind Angebote, Gegenmodelle, reizvolle Verführ-
rungen zum Querdenken ebenso wie abschreckende Entwürfe. Es
geht nicht um Vorbilder, sondern um Alternativ- oder Gegenbilder.
Mit normativen Humanismus-Ansprüchen früherer Zeiten hat das
nichts zu tun. Notwendig ist allerdings die Bereitschaft, auf das
Fremde oder fremd Erscheinende zuzugehen, es einigermaßen vor-
urteilslos zu prüfen und sich dann zu »entscheiden«.

Die Begegnung und geistige Auseinandersetzung mit dem anderen, dem tatsächlich oder vermeintlich Entfernten: Das macht doch
wohl einen wesentlichen Teil von Bildung aus: Das Sich-Bilden,
Sich-Formen geschieht durch Identifikation *und* Ablehnung. Ablehnung allerdings aufgrund eines *bewußten* geistigen Aktes, nicht als
Ausdruck dumpfen Ressentiments oder von Angst, sich auf Fremdes
einzulassen.

Musealer Charme –
nein danke! Zur Aktualität des Historischen

Wir haben gerade den Aspekt des Fremden in der Beschäftigung mit
der Antike betont. Je mehr man sich jedoch auf diese Welt einläßt,
um so deutlicher treten auch Parallelen und Übereinstimmungen
hervor: eben das, was uns das griechisch-römische Altertum, weil es
die geschichtliche Basis unserer Kultur ist, doch häufig auch sehr
nah erscheinen läßt. Da wird eben doch auch vieles von dem verhandelt, was über eine zweitausendjährige Tradition in uns steckt –
nicht nur als überzeitliche anthropologische Konstante, sondern als
nachweisbare Prägung durch die geistigen und mentalitätsgeschicht-
lichen Kontinuitäten der abendländischen Welt (wobei der ideologieverdächtige Begriff »Abendland« hier ganz bewußt als beschrei-
bender Terminus für einen historisch gewachsenen Kulturkreis verwendet wird).

Wer Jugendliche auf kluge Bücher oder espritvolle Feuilleton-Ar-
tikel dazu verweist oder zum Aufklärungs-Lehrvortrag über die
»geistige Tradition Europas« ansetzt, wird solche Einsichten kaum
vermitteln können. Je abstrakter und allgemeiner die Darstellung

ausfällt, um so weniger »kommt rüber«. Anders, wenn es über konkrete, anschauliche Beispiele erfahrbar, nachvollziehbar und einsichtig wird – dann kann sich auch ein entsprechendes Bewußtsein ausbilden.

Ebenso wie der multikulturelle Zugang schützt auch diese Einsicht – nämlich daß wir in eine Tradition eingebunden sind – vor bornierter Selbstüberschätzung einerseits und verunsichernder Geschichtslosigkeit andrerseits. Beides macht nicht nur einsam, sondern leistet einer brisanten ich-bezogenenen A-Sozialität und Intoleranz Vorschub.

Die Erfahrung lehrt, daß gerade das Wechselspiel zwischen Fremdheit und Nähe der Antike eine motivierende Spannung aufbaut. Das Nicht-Alltägliche erweckt Neugier. Es stellt Fragen, die beantwortet werden wollen. Auf der anderen Seite wird der Reiz des Exotischen nicht durch Frustrationserlebnisse überlagert, die durch allzu große Ferne ausgelöst werden können (»Dazu habe ich absolut keinen Draht!«). Eigentlich ein Glücksfall: Die relative Fremdheit schafft Motivation, die relative Nähe verhindert Demotivation.

In die Sprache der Didaktiker gekleidet, liest sich das so: Die römische Antike weist zugleich isomorphe (»gleich-gestaltige«) und allomorphe (»anders-gestaltige«) Züge auf. Daraus baut sich im modernen Betrachter eine didaktisch fruchtbare Spannung auf, die sich durch die Auseinandersetzung mit dieser scheinbar widersprüchlichen, bipolaren Erfahrung zu lösen sucht. Er vergleicht diese neue Erfahrung mit seinen Vor-Urteilen. Welche Haltung er im einzelnen gegenüber dem ungewöhnlichen Denk-Angebot einnimmt – ob für, gegen oder irgendwo dazwischen –, ist vom Bildungs-Gesichtspunkt aus relativ unwichtig. In jedem Fall verarbeitet er die neue Erfahrung, überträgt sie auf *seine* Situation – und damit leistet er, auch wenn's sehr abgehoben und anspruchsvoll klingt, einen »existentiellen Transfer«.

Theoretisch leuchtet das – hoffentlich – ein. Praktisch kann dieser Ansatz allerdings nur funktionieren, wenn der Lateinunterricht Themen behandelt, die von den Schülern zumindest in einem weiteren Sinne auch als die ihren akzeptiert werden. Wer zu stark auf Allomorphie setzt, riskiert Kopfschütteln: Der Lerngegenstand erscheint als Selbstzweck, wenn überhaupt kein Bezug zur heutigen Lebenswelt, zu aktuellen Fragestellungen und Problemen, erkennbar wird. Wer lateinische Literatur (auch in der »abgespeckten« Form von Lehrbuch-Kunsttexten) mit guten Gründen als ebenso reiches wie hochkarätiges Potential von Gedanken, Anregungen und Erkenntnissen schätzt, muß ihr durch entsprechende Interpretationsräume die Chance geben, sich so auch denjenigen zu präsentieren, die diesen Wert nicht nur glauben, sondern konkret erfahren sollen.

Das »nächste Fremde« in seiner Eigenart ernst zu nehmen und anhand didaktisch verantwortungsvoller, ansprechender Beispiele (auch) multikulturelles Denken einzuüben – das ist eines der Bildungsangebote des Lateinunterrichts. Wir sollten es unseren Schülern nicht vorenthalten, und wir sollten es ihnen zugleich zumuten.

15. Vom Bildungs-Euro zur Schlüssel-sprache der Wissenschaft

Wenn Fremdwörter-Latein den Weg zur »demokratischen Schule« pflastert

»Für die Entwicklung einer demokratischen Schulkultur!« ist ein Aufsatz überschrieben, den der Göttinger Pädagogik-Professor Günter Schreiner 1993 in der Zeitschrift »Politisches Lernen« veröffentlichte. Das Ausrufezeichen im Titel deutet das Engagement an, mit dem der Verfasser für eine »demokratische Schulkultur« eintritt. Seine zehnte und letzte These lautet folgendermaßen:

> *Muß sie (die Schule) aufgrund dieser Zweckbestimmung nicht* nolens volens Konkurrenz*lernen und Leistungs*individualismus *fördern, die* Dialog, Partizipation *und* Kooperation *unterlaufen und zu* »hilflos kompensatorischen« *Unternehmungen machen? Es wäre m.E. töricht, diesen Widerspruch einfach mit good-will- Erklärungen übertünchen zu wolle, aber auch voreilig, ihn im* ideologiekritischen *Eifer so zu* dramatisieren, daß *die Schule nur noch als* Selektionsagentur *erscheint, die jede Bemühung um* Demokratisierung *allein zur Übung in* Frustrationstoleranz *auf der Seite der LehrerInnen und zur Einübung in Doppel*moral *auf der Seite der SchülerInnen macht. Nicht zuletzt wird es von der* praktischen Phantasie kooperierender *und sich gegenseitig unterstützender LehrerInnen sowie ihren Fähigkeiten zur Aufgaben*balancierung *und Rollen*distanzierung *abhängen, inwieweit dieser Widerspruch die Bemühungen um* Demokratisierung *lähmen und entwerten kann.*

Die Hervorhebungen finden sich im Original nicht. Sie wurden ergänzt, um den hohen Anteil an lateinisch- und griechischstämmigen Fremdwörtern in dieser Passage zu illustrieren. Man kann wahrlich nicht behaupten, daß der Text dadurch leichter verständlich wäre.

Das Gegenteil ist der Fall: Manch einer dürfte – zumindest bei einem ersten Durchlesen – vor der geballten Macht der Fremdwörter kapitulieren.

Es sei denn, er könnte sich mit Hilfe eigener Latein- und in geringerem Umfang auch Griechischkenntnis aus dieser Fachsprache jene Begriffe selbst erklären, die *nicht* zum normalen Fremdwortschatz gehören: Begriffe wie z. B. Partizipation, kompensatorisch, Selektionsagentur, Frustrationstoleranz, Rollendistanzierung oder nolens volens.

Was unter »demokratischer Schulkultur« im Sinne Schreiners zu verstehen ist, erschließt sich offenbar demjenigen erheblich leichter, bei dem das Fach Latein auf dem »demokratischen« Stundenplan gestanden hat. Diesem indirekten Plädoyer des Pädagogik-Professors für *diese* Bildungs-Leistung des Lateinischen wollen wir uns nicht verschließen. Und, wer weiß, vielleicht tritt Schreiner ja auch tatsächlich für die Alten Sprachen im Schulunterricht ein.

Andererseits haben sich in den letzten Jahrzehnten aus der Zunft der Theoretiker der allgemeinen Pädagogik oder der Soziologie *so* viele nicht als wackere Streiter für den Bildungswert des Lateinischen geoutet. Zumal ins Konzept einer sich progressiv verstehenden Pädagogik paßt dieser alte Bildungszopf nicht so recht hinein. Viele sähen ihn wohl schon am liebsten abgeschnitten, andererseits ... Aber Liebe ist es nicht, eher schon Respekt. Was nicht bedeutet, daß es nicht auch sehr energische Stimmen gäbe, die den ganzen alten, als elitär verdächtigten »Krempel« lieber heute als morgen aus dem Lehrplan hinauswürfen.

Um so erstaunlicher mutet es da an, daß gerade junge Wissenschaften wie Pädagogik, Soziologie und Politologie eine Fachsprache pflegen, in der es von Fremdwörtern vor allem aus dem Lateinischen nur so wimmelt. Der oben zitierte Text ist in diesem Sinne durchaus noch gemäßigt. Das Soziologen-»Chinesisch« ist ja in Wirklichkeit ein Soziologen-Latein.

Warum in aller Welt schmieden sich »moderne« Wissenschaften ausgerechnet aus dem Material einer Disziplin, die sie tendenziell als überholt, unzeitgemäß und »bildungsarrogant« beargwöhnen, eine neue Herrschaftssprache?

Ein möglicher Grund wäre: Latein ist nun einmal über Jahrtausende *die* Wissenschaftssprache Europas gewesen. Man schließt sich dieser Tradition an. Und hat dabei im Hinterkopf, daß auf diese Weise die neuen Disziplinen über das altehrwürdige Wissenschaftslatein geadelt und im Kreise der Wissenschaften gewissermaßen hoffähig gemacht werden. Zumal sich manche sonst etwas banal klingende Feststellung über sprachliche Komplizierung deutlich »wissenschaftlicher« anhört. Wenn man bestimmte Abhandlungen liest, wird man den Verdacht nicht los, daß da tatsächlich etwas zu tief in die goldene Vorratskiste lateinstämmiger Begrifflichkeit hineingelangt wird, um Wissenschaftlichkeit unter Beweis zu stellen. Mitunter ginge es schon etwas schlichter ...

Auf der anderen Seite bietet sich eine Sprache, die sich jahrhundertelang ja tatsächlich als verläßliches und flexibles Instrument klarer Begrifflichkeit und gehobener Kommunikation bewährt hat, schon dazu an, auch neue wissenschaftliche Sachverhalte präzise zu benennen und terminologisch sauber von Begriffen der Alltagssprache abzugrenzen. Insofern war es nur natürlich, daß auch Soziologen und Politologen das Lateinische ebenso als Basissprache zur Ableitung ihrer Nomenklatur entdeckt und genutzt haben wie die Physiker und Mediziner, die Philosophen und die Biologen vor ihnen – bzw. immer noch: Denn bis auf den heutigen Tag dient auch in diesen Wissenschaften das Lateinische als Grundlage neuer Fachtermini. Was zudem einen weiteren erheblichen Vorteil hat: *Diese* Wissenschaftssprache ist international, und die Verwendung des alten »neutralen« Lateins als internationales wissenschaftliches Verständigungsmittel überwindet nationale Grenzen und die damit ja manchmal noch verbundenen Emotionen und Eifersüchteleien ...

Der feine Unterschied – Das lateinische Sprachfundament eines soziologischen »Kultautors«

Aus dem bisher Ausgeführten wird klar, daß der Aufbau der verschiedenen Präferenz-Räume in bezug auf Nahrung, Kleidung und Kosmetik derselben Grundstruktur folgt – der des von Umfang und Struktur des Kapitals determinierten Sozialraums. Zur umfassenden Konstruktion des Raumes der Lebensstile, innerhalb derer sich kultureller Konsum definiert, wäre für jede Klasse und Klassenfraktion, d.h. für jede Kapitalkonfiguration, die generative Formel des Habitus zu ermitteln, die die für

eine jeweilige Klasse (relativ homogener) Lebensbedingungen charakteri-
stischen Zwänge und Freiheitsräume in einen spezifischen Lebensstil
umsetzt.

(Pierre Bourdieu, Die feinen Unterschiede. Kritik der gesellschaftlichen
Urteilskraft, Frankfurt/M. 1987, S. 332)

Vom Vorteil vernetzten Lernens – Latein als Koordinatensystem wissenschaftlicher Terminologie

Nun kann man gewiß alle diese »schweren« Wörter als Einzel-Vo-
kabeln lernen und sie sich Wort für Wort aneignen. Der ökonomi-
schere Weg dürfte aber darin bestehen, sich die Basis anzueignen,
von der die Begriffe abgeleitet sind. Auf diesem Fundament kann
man sich auch neu geprägte Termini selbst erschließen und muß
nicht ständig neue Einzelbegriffe lernen. Die Kenntnis des Lateinischen ist so gesehen eine Art sprachliches Koordinatensystem,
das die Einordnung wissenschaftssprachlicher Termini enorm erleichtert.

Wer Schülern diese Chance im Namen des »Fortschritts« oder
gar der »Emanzipation« des Individuums von »überkommenen Bil-
dungsinhalten« nimmt oder schmälert, muß sich fragen lassen, ob er
wissenschaftssprachliche Terminologie nicht ungewollt zu einem
diskriminierenden Herrschaftsinstrument aufwertet. Eine Schule
ohne Latein – sie würde sich in diesem Sinne als »Selektionsagentur« auswirken, weil sie dem Lernenden im besten Lernalter einen
vergleichsweise leichten Zugang zu einem nicht unwesentlichen
Aspekt akademischer Bildung versperrte. Wer sich über elitäre Zun-
genschläge mancher Fachvertreter des Lateinischen – mit Recht –
ärgert, sollte daraus nicht den allzu kurzsichtigen Schluß ziehen,
daß da ein »undemokratisches« Fach abgeschafft gehöre. Eher gilt
die umgekehrte Schlußfolgerung: Je mehr Schüler im Zeichen eines
ungebrochenen Zustroms in die Gymnasien aus »lateinfernen« El-
ternhäusern kommen, um so wichtiger wäre es im Sinne schulischer
und »nachschulischer« Chancengleichheit, sie mit beiden Basisspra-
chen der Wissenschaft vertraut zu machen, dem Englischen *und*
dem Lateinischen.

Medizin, Pharmazie, Biologie –
traditionell in die Toga gehüllt

Das gilt auch im Sinne eines Zugangs zu wissenschaftlichen Fachsprachen, z. B. zur medizinischen mit ihren Bezeichnungen von Krankheiten, diagnostischen und therapeutischen Verfahren sowie dem pharmazeutischen Bereich. Wer krank ist und Medikamente verordnet bekommt, hat manchmal den Eindruck, daß er eine ordentliche Portion Frust gleich mitverschrieben erhält – und zwar in Form des Beipackzettels, dessen lateinische »Verzierungen« das Verstehen vielfach zu einem Glücksspiel machen. Dahinter muß nicht böse Absicht stecken, sondern zuerst einmal die Tatsache, daß die Pharmazie – nach einer anschaulichen Formulierung C. Vossens – traditionell in lateinischem Gewande auftritt, wie man schon am ärztlichen Rezept feststellen kann, das mit der Abkürzung *Rp* beginnt. Was keineswegs für »Rezept« steht, sondern für die Anweisung des Arztes an den Apotheker *recipe!*, »nimm!«

Immerhin: Auch die Reste des Schullateins sind hilfreich, manches »Geheimnis« eines Beipackzettels zu entschlüsseln. Ein »Sedativum« läßt sich so als Beruhigungsmittel (von *sedare*, »beruhigen«) wenigstens von einem »Laxativum« unterscheiden; das kommt von *laxare*, »lockern, lösen« und bezeichnet offenbar ein Abführmittel.

Auch in der biologischen Nomenklatur ist Latein selbstverständliche Wissenschaftssprache. Davon kann sich jeder im Zoo oder auf dem Waldlehrpfad überzeugen. Auf allen Erläuterungstafeln werden Tiere und Pflanzen immer auch mit ihren korrekten lateinischen Bezeichnungen vorgestellt. Und zwar weltweit: Die notwendige Internationalität wissenschaftlicher Forschung und Diskussion beruht ganz wesentlich auf der Klarheit der gemeinsamen lateinischen Begrifflichkeit – *eine* Erkenntnis des famosen Lebewesens, das sich selbst die zoologische Bezeichnung *homo sapiens* (»der einsichtige, verständige Mensch« als Abgrenzung zum *homo erectus*, dem »aufrecht gehenden Menschen«) gegeben hat. Bzw., um seinen geistigen und zivilisatorischen Fortschritt der letzten 10000 Jahre zu dokumentieren, als *homo sapiens sapiens* lateinisch noch »draufgesattelt« hat.

In den gerade erwähnten Disziplinen ist Latein als Wissenschaftssprache eindrucksvoll präsent. Es hat dort über die Terminologie auch ganz äußerlich jene führende Stellung behauptet, die es eineinhalb Jahrtausende als selbstverständliches Mittel jeder wissenschaftlichen Kommunikation innegehabt hat.

Zugang zu akademischer Bildung – Passwort »Latein«

Im Mittelalter und in der frühen Neuzeit war Latein *die* lingua franca der Gelehrten und Gebildeten. Ob ein deutscher Student nach Bologna oder Oxford, nach Paris oder nach Salamanca ging, um seine Studien zu vertiefen – Verständigungsschwierigkeiten mußte er nicht befürchten: Seine Professoren und Kommilitonen sprachen ebenso fließend Latein wie er selbst. Latein war so auch stets ein einigendes europäisches Band. Auch als, ja gerade als die »Nationalstaaten« stärker auseinander drifteten und eigene Identitäten entwickelten, blieben der gemeinsame Ursprung und das gemeinsame Fundament dieser historischen Sonderwege zumindest im Raum von Bildung und Wissenschaft stets präsent: Jahrhunderte, bevor die politische Idee einer europäischen Identität nach dem Zweiten Weltkrieg propagiert wurde, gab es dort *de facto* ein solches europäisches Bewußtsein über die Gelehrten- und Kirchensprache Latein. Die war rund eineinhalb Jahrtausende lang der Euro der Wissenschaft – ganz gleich, ob Geistes- oder Naturwissenschaft.

Kein Wunder, daß theologische und historische Abhandlungen im Mittelalter fast durchweg in lateinischer Sprache geschrieben wurden. Weniger bekannt ist allerdings, daß noch bis zum Ende des 18. Jahrhunderts grundlegende Werke der Geistes- und Naturwissenschaften ebenfalls auf Latein veröffentlicht wurden. Selbst Luther, der später durch seine Bibelübersetzung so viel für die deutsche Sprache geleistet hat, hat seine berühmten 95 Thesen – natürlich! – auf Lateinisch verfaßt. Kopernikus und Kepler, Newton und Galilei haben ihre bahnbrechenden naturwissenschaftlich-mathematischen Arbeiten lateinisch geschrieben, ebenso die Philosophen Descartes und Bacon, Leibniz und Spinoza. Noch 1746 publizierte Euler seine *Nova theoria lucis et colorum* (Neue Theorie des Lichts und der Farben), und der Mathematiker Gauß legte 1801 *Disquisitiones mathematicae* vor.

Natürlich sind alle diese Werke längst übersetzt. Um *sie* zu verstehen, braucht kein Mensch mehr Lateinkenntnisse. Gleichwohl lebt das Lateinische auch in diesen Disziplinen in zahllosen Ausdrücken und Wendungen der Fachsprachen fort – und in der Philosophie wird man, wenn man sie einigermaßen seriös betreiben will, nicht umhin können, auch noch einen vergleichenden Blick ins Original zu werfen.

Ebenso in den Philologien und in der Geschichte – ohne ein Minimum an Lateinkenntnissen steht man der langen geistesgeschichtlichen Tradition auch dieser Fächer schlicht hilflos gegenüber. Und es nagt an manchem, der durch irgendwelche Maschen des in zahlreichen Studiengängen vorgeschriebenen Lateinkenntnis-Netzes geschlüpft ist, das Bewußtsein, daß ihm *dieser* Zugang zur akademischen Tradition verschlossen bleibt.

Das mag arrogant klingen, beschreibt aber nur eine objektive Gegebenheit und ist deshalb weniger ideologiebefrachtet als manch vollmundig-polemisches Wettern gegen das angebliche schulische »Selektionsfach« Latein. Das wirkliche *se-ligere*, »Absondern«, »Fernhalten«, von diesem immer noch wichtigen Wissens- und Erfahrungsbereich betreiben diejenigen, die diese Schlüsselqualifikation des Lateinischen leugnen oder herunterspielen. Sie sollten sich fragen, ob sie damit – gerade mit Blick auf die steigende Zahl von Abiturienten aus Nichtakademiker-Familien und »lateinfernen« Bevölkerungsschichten – tatsächlich einen Beitrag zur vielbeschworenen Bildungs-Chancengleichheit leisten.

16. Latein als erste Fremdsprache – Eine zeitgemäße Antwort auf die Herausforderung der Neuen Medien

Produkt medialen Konsumrausches: Der »neue Schüler«

Bild–Schnitt–Bild–Schnitt–Bild–Schnitt–Bild–Schnitt–Bild–Schnitt–
Bild–Schnitt–Bild–Schnitt–Bild–Schnitt–Bild–Schnitt–Bild–
Schnitt–Bild–Schnitt–Bild–Schnitt–Bild–Schnitt – ein ziemlich ein-
töniger Einstieg in das Kapitel.

Die Rede ist von Videoclips, wie man sie z. B. auf dem Musik-Ka-
nal »Viva« den ganzen Tag über genießen kann: 13 Bilder, 13
Schnitte. Dabei wollen wir es bewenden lassen. Schriebe man in
diesem Stil die Anzahl der Schnitte aus, die eine einzige Stunde Programm »füllen«, bräuchte man Seiten: Ganz normale Produktionen
kommen auf ca. 1300 Videoclip-Schnitte pro Stunde, hundertmal so
viele wie eben versprachlicht.

Was sich in dieser schriftlichen Form als anödende, kaum zu
überbietende Eintönigkeit darstellt, verkehrt sich natürlich in der
Video-Welt ins genaue Gegenteil. Wechselnde Einstellungen, bewegte Bilder, neue Perspektiven Schlag auf Schlag – da kommt
keine Langeweile auf. Wohl aber eine andere Form von Eintönigkeit: die Monotonie der Hetze, der Besinnungslosigkeit, des Me-
dien-Dauerrausches wie im Fieberwahn.

Angesichts des Fernseh- und Videokonsums von Kindern, der
sich vielfach nach Stunden, an Wochenenden fast nach Tagen be-
mißt, braucht man sich über den weitverbreiteten Mangel an Konzentrationsfähigkeit nicht zu wundern. Schon macht das Wort vom
»neuen Schüler« die Runde. Er verfügt einerseits über eine beachtli-
che technische Medienkompetenz, insofern er mit Videorecordern,
Computern und Hifi-Anlagen oft viel sicherer und unbefangener
umgehen kann als seine Eltern und Lehrer. Auf der anderen Seite

weist sein Verhalten massive Reflexe einer beständigen, gnadenlosen Reizüberflutung auf: Nervosität, Oberflächlichkeit, Flüchtigkeit, Ungeduld, Mangel an Frustrationstoleranz – wo's an *action* fehlt, wird schnell weitergezappt; wo Langeweile aufzukommen droht, hilft ein leichter Fingerdruck auf die Fernbedienung aus der Klemme; wo Denk- und Kreativitätsangebote statt Berieselung und rezeptiven Konsums winken, kann man sich in Sekundenschnelle in die Arme der seichten Welt von Comics und Werbe-»Botschaften« flüchten. Hauptsache *light and easy*, Hauptsache *action*, Hauptsache *fun* – die vielbeschworene geistig-moralische Wende *ist* ja erfolgt. Man kann nur noch darüber streiten, ob die damit einhergehende Verblödung gewollt war oder nur als bedauerliches »Nebenprodukt« in Kauf genommen wird.

Disziplin als emanzipatorische Chance

Wenn unsere Gesellschaft die besten Lernjahre der neu heranwachsenden Generationen nicht allzu sehr dem geistigen Tiefflug-Terror seichten elektronischen Amüsements ausliefern will, sollte sie zumindest die Chancen ihrer Institution Schule nutzen, um – auch einmal unbequem und unpopulär – dagegen zu halten.

Latein als erste Fremdsprache am Gymnasium stellt eine dieser Möglichkeiten dar. Die Sachstruktur des Unterrichtsgegenstandes verlangt, wir haben es oben in Kapitel 3 gesehen, gründliches Arbeiten und genaues Hinschauen. Konzentrationsfähigkeit ist vonnöten – und wird durch die Beschäftigung mit dieser Materie kontinuierlich gefördert. Verglichen mit der rasenden Video-Welt der vorbeirauschenden Bilder ist Latein sozusagen das Standbild. Es stellt das Gegengewicht zum rein konsumierenden Schauen dar. Wer beim Übersetzen nur mal flüchtig hinschaut und gewissermaßen auf den nächsten »Schnitt« wartet, wird enttäuscht. Weiterzappen angesichts der drohenden Anstrengung gibt's nicht; nur geduldige Lösungsversuche führen zum Ziel.

Je früher ein begabter Schüler diese Erfahrung macht, um so besser und wirkungsvoller – nicht als Immunisierung gegen die Video-Welt der Besinnungslosigkeit, wohl aber als *zusätzliche* Erfahrung. Das hört sich sehr nach Disziplin-Keule an. In der Tat blickt das Lateinische ja auf eine eher unrühmliche Tradition als Disziplinierungsmittel zurück. Es geht indes um unterschiedliche Arten von Disziplin. Heutzutage sicher nicht um diejenige, die in der Unterwerfung unter den Gegenstand die Einübung in obrigkeitsstaatliches Denken betreibt; sondern vielmehr um ein Training in Selbstdisziplin und Selbstbehauptungswillen gegenüber einer anspruchsvollen Forderung, der man sich eben nicht durch Knopfdruck oder »elegantes« Wegtauchen entziehen kann.

Wenn die vorhin dargelegte Analyse auch nur von der Tendenz zutrifft, stellt der ständig wachsende Medien-Konsum in unseren Tagen die größte Gefahr für die Entfaltung der Persönlichkeit eines Kindes und Jugendlichen dar: Er begünstigt nicht die Ausbildung der individuellen Anlagen, sondern er nivelliert und entmündigt. Er stärkt und fördert das Individuum nicht, sondern will es vereinnahmen. Er mutet ihm nichts zu, sondern er lullt es ein. Mit Nina Ruge zu sprechen: »Alles wird gut.«

Vielleicht wird vor diesem Hintergrund deutlich, inwiefern (Selbst-)Disziplin auch eine emanzipative Wirkung entfalten kann. Sie wird in Zukunft vermutlich ein immer wichtigerer Schritt auf dem Wege zur Selbstbestimmung sein. So gesehen wird aus dem vielfach beklagten »Nachteil«, das Lateinische sei eben doch »fordernder«, »härter«, sozusagen weniger nachgiebig und schmiegsam als das Englische, im Zeichen des »neuen Schülers« ein Vorteil – Latein wirkt stärker und konsequenter als Korrektiv gegenüber den aufgezeigten Entmündigungstendenzen.

Wobei ein *behutsames* Gegensteuern das A und O des angestrebten – und möglichen! – Erfolges ist. Wer auf Zehn- bis Elfjährige den gnadenlosen Grammatik-Knüppel niederfahren läßt, wer 45 Minuten lang auf hohem kognitivem Niveau durchpowert und den lieben Kleinen demonstrieren will, was so eine richtige Bildungsharke ist, der zerschlägt viel Porzellan – auch und gerade weil er keine Rücksicht auf die – nicht nur mediale – Umwelt nimmt, in der die Kinder aufgewachsen sind und die sie ja nach wie vor beeinflußt. Es gibt genügend spielerische Formen, die die hohen Ansprüche abfedern können, es gibt motivierende Lehrbücher und spannende Stoffe, es gibt vielerlei methodische Möglichkeiten, ein kindgerechtes Lernen zu gewährleisten. Latein kann, Latein soll auch Spaß machen! Ein Weg, der auch über Erfolgserlebnisse führen kann.

Lust und Frust des »Codeknackens« –
Schüler als Sprach-Detektive

Konkret: Wenn sich Zehn- bis Elfjährige konzentriert mit einem lateinischen Text beschäftigen, dann hat das auch etwas mit detektivischem Ansporn zu tun. Da gibt es einen verschlüsselten Code, den ich mit »Köpfchen«, Intuition (und manchmal sicher auch mit Hilfe des Kommissars Zufall) »knacken« kann – wobei ich hier und da auch erkennen muß, daß ich einer falschen Fährte gefolgt bin und durch weiteres Knobeln und probierendes, bestimmten Methoden folgendes Denken wieder auf die richtige Spur kommen kann. Habe ich den Code dann »geknackt«, steht mir ein Erfolgserlebnis ins Haus: Genugtuung über das Erreichte, über die eigene Leistung.

Gewiß, es gibt auch Mißerfolgserlebnisse. Nicht jeder Fall wird gelöst, um im Bilde zu bleiben. Gar nicht so selten hat das allerdings etwas mit eigenen Versäumnissen zu tun: Mit mangelnder Umsicht beim Ermitteln z. B. – wer sich vorschnell auf eine einzige Spur konzentriert, kann wichtige Indizien übersehen. Oder mit verpaßten Möglichkeiten in der kriminalistischen Grundausbildung und bei Fortbildungskursen – wer sein Handwerkszeug (sprich: Vokabeln und Formenlehre) nicht gründlich beherrscht, fühlt sich unsicher und macht mehr Fehler. Oder mit Schlamperei und mit zu großer Selbstsicherheit – gerade manche glänzend begabten Kriminalisten halten es für unter ihrem Anspruch, sich in die Niederungen der alltäglichen Routine hinab zu begeben, und fühlen sich nur zur Lösung besonders kniffliger Fälle berufen – was dann bei entsprechenden Sprach-Detektiven in »Großzügigkeit« bei der Numerus-Ermittlung (Singular oder Plural – das sind doch wirklich *peanuts*!) oder auch der Tempus-Feststellung (»darum kümmern sich meine Assistenten!« – aber die gibt's bei der Sprach-Kriminalistik nun einmal nicht!) erweist.

Das alles sind, wenn sie durch geduldig-verständnisvolle, aber eben auch konsequent-beharrliche Lehrer gewissermaßen abgefedert werden, wichtige Erfahrungen. Zumal dann, wenn Wege aufgezeigt werden, die bei den nächsten Fällen aus dem Mißerfolg wieder heraus helfen. An die eigenen Grenzen zu stoßen oder mit eigenen Fehlern und Versäumnissen unmißverständlich konfrontiert zu werden ist sicher kein lustvolles Erlebnis. Aber hin und wieder doch ein notwendiges; und es ist immer dann leichter wegzustecken, wenn es mit einer positiven Perspektive verbunden ist.

Wer Frustrationserlebnisse als »notwendig« und »heilsam« bezeichnet, läuft leicht Gefahr, ins pädagogische Abseits zu geraten. Da werden traditionelle Vorbehalte gegen den Lateinunterricht schnell aktiviert. Manche Klischee-Vorstellungen speisen sich in der Tat, das wird man mit Blick auf die Geschichte des Faches selbstkritisch einräumen müssen, aus Erfahrungen mit Unterrichtsmethoden (»Pauken«, »Formen-Drill«) und Persönlichkeitsprofilen von Vermittlern, die nicht gerade als Musterbeispiele pädagogischer Sensibilität in Verdacht gerieten.

Korrektiv-Angebot zum Mausklick-Effekt der Folgenlosigkeit

Es geht heute indes um anderes. Es geht darum, einer mancherorts überhand nehmenden Schmuse- und Streichel-Pädagogik entschlossen Paroli zu bieten – und zwar *im Interesse* der Schüler! Wichtiger aber noch ist es, einer weiteren Versuchung durch die Neuen Medien so rechtzeitig wie möglich entgegenzutreten: dem fatalen Eindruck der Folgenlosigkeit des eigenen Tuns. Aus der psychologischen Forschung weiß man, daß das tausendfache Anschauen von TV-Brutalitäten die Hemm-Schwelle für eigenes brutales Verhalten sehr wohl senkt. Es stimmt eben nicht, daß der Konsum »reiner« Fiktion folgenlos bleibt.

Ähnliches gilt für die virtuelle Welt des PC. Im Prinzip kann ich unumschränkt walten: Die ganze Welt steht mir per Mausklick zur Verfügung. Nicht nur zur Verfügung, sondern zu Gebot – ich habe jedweden »Zugriff« auf sie. Ausblenden des nicht Gewollten? Wegklicken des Unangenehmen? Alles kein Problem! Eine der größten Faszinationen des PC ist sicher, daß er seinem Benutzer ein Gefühl großer Macht vermittelt. Eine Plastik-Maus in meiner Hand gaukelt mir ungeheuren Einfluß vor, wiegt mich in der Illusion, Zustände jederzeit verändern oder aufheben zu können – auch Zustände, die ich selbst geschaffen habe.

Eben darin unterscheidet sich die reale Welt von der virtuellen. Dort muß ich mich arrangieren – mit anderen Menschen, die ich nicht per Mausklick aus meinem Blickfeld entfernen kann, und mit

Dingen, die mir nicht den Gefallen tun, auf mein sanftes Druck-Kommando hin sich mir verfügbar zu machen. In dieser realen Welt fehlt jene virtuelle Folgenlosigkeit meiner Entscheidungen und meines Verhaltens. Sie stellt mich; ich selbst muß mich den Folgen meines Tuns stellen. Wegklicken, wenn's brenzlig oder schwierig wird, geht nicht.

Schule sollte auch Korrektiv-Angebote gegenüber dem gerade beschriebenen Mausklick-Effekt des Unverbindlichen und Folgenlosen bereit halten – besser, man wird mit der realen Welt im (relativen) Schonraum Schule konfrontiert als in deutlich härteren Bereichen des »realen« Lebens. Aufgrund seiner Struktur ist das Lateinische ein besonders wirkungsvolles Korrektiv-Angebot. Bei einem, sagen wir: zu nonchalanten Herangehen an die Sache erweist es sich als vergleichsweise unerbittlich; ich werde mir der unangenehmen (aber natürlich auch der angenehmen!) Folgen meines Handelns oder Unterlassens schnell bewußt. Lern-»Pausen«, »Durchhänger« bei der Arbeitshaltung und Nachlässigkeit werden ziemlich unmittelbar »quittiert«: Latein ist sozusagen ein konsequentes Fach, insofern es rasch und klar Konsequenzen aufzeigt – im Positiven wie im Negativen. Womit nicht behauptet werden soll, Englisch als erste Fremdsprache sei ein »Billigangebot«. Wohl aber klopft es einem nicht so prompt auf die Finger.

Diese Strenge und »Unerbittlichkeit« des Lateinischen mag zunächst Stirnrunzeln hervorrufen. Sie bietet dem Schüler aber auch einen großen Vorteil. Und der heißt: unmittelbare Transparenz. Anders als manche zur Unterforderung neigenden Lernstoffe und -methoden wiegt sie ihn nicht in falscher Sicherheit, sondern zeigt ihm seine Defizite in dem Augenblick auf, da sie sich zu erkennen geben.

Mit individueller »Schuld« oder persönlichem »Versagen« des einzelnen hat das alles im Grundsatz nichts zu tun. Wenn von Defiziten die Rede ist, wird einfach nur darauf hingewiesen, daß etwas »fehlt«. Die vorangehenden Ausführungen dürften deutlich gemacht haben, daß der Verfasser den Grund für einige typische Defizite des »neuen Schülers« eher in den gesellschaftlichen Rahmenbedingungen seiner kindlichen Sozialisation sieht als im »Fehlverhalten« der einzelnen Schüler oder ihrer Eltern. Korrektive dagegen sind bitter nötig. Für Kinder mit gymnasialer Begabung *ist* Latein als erste Fremdsprache eines dieser Angebote zum *behutsamen* Gegensteuern – im Zeichen der Neuen Medien ein vielleicht zeitgemäßeres als früher.

Frühes Latein als Buchersatz

Klagen von Eltern über das zurückgehende Lese-Interesse ihrer Kinder nehmen zu. Auch wenn in der Entwicklung des *allgemeinen* Leseverhaltens nach objektiven Untersuchungen keine dramatischen Einbrüche festzustellen sind, zeichnet sich *eine* Tendenz ab: Gerade bei Kindern und Jugendlichen wird die verstärkte Zuwendung zu den Neuen Medien zu eher weniger extensivem und intensivem Lesen führen.

Lern- und Fremderfahrungsangebote bieten sicher auch die Neuen Medien. Deutsche Sprachkultur ist jedoch, um es freundlich zu formulieren, nicht gerade etwas, das sie auf ihre Fahnen geschrieben haben. Im Gegenteil: Es ist im allgemeinen eine armselige, von Stereotypen, Floskeln und vorgestanzten Formeln geprägte Sprache, die da aus den Lautsprechern quillt; oft handelt es sich um geradezu lausige Übersetzungen aus dem Englischen, die von korrekter deutscher Sprachverwendung weit entfernt sind.

Comics und *soap operas*, Talkshows und Trivial-Spielfilme, Werbespots und amerikanische Serien-Krimis – das sind Sendungen, die junge TV-Konsumenten sich mit Vorliebe »reinziehen«. Und das sind unglücklicherweise, von wenigen Ausnahmen abgesehen, eben die Produktionen, von denen eine Erweiterung des Wortschatzes, ein Hör-Training in Sachen differenzierten und nuancierten Ausdrucks und sprachlicher Kreativität nicht im mindesten zu erwarten sind. Eher führt übermäßiger, langfristiger Konsum dieser sprachlichen Discount-Produkte zur Anpassung der Konsumenten an dieses Niveau. Hart formuliert: Es drohen sprachliche Verödung und Verblödung.

Auch in dieser Hinsicht bietet sich gerade früher Lateinunterricht als Gegengewicht an. Wie im Kapitel 5 beschrieben, stärkt das kontinuierliche Übersetzungstraining die muttersprachlichen Fähigkeiten der Schüler und baut sie aus. Guter Übersetzungsunterricht begnügt sich ja gerade nicht mit der Aneinanderreihung von Vokabel-»Gleichungen«, sondern fordert dazu auf, die jeweils zum Kontext passende Bedeutung der lateinischen Wörter zu finden. Es geht darum, den Reichtum der Sprache zu nutzen oder jedenfalls ein Gespür dafür zu entwickeln. Das Englische als weitgehend einsprachig durchgeführter Unterricht kann und will *diese* Schulung nicht leisten.

Lateinunterricht als Ersatzfach für Deutsch? Mitnichten – wohl aber als komplementäres Angebot. Die Fächer arbeiten Hand in Hand mit unterschiedlichen Methoden auf das gleiche Ziel hin. Man kann auch bescheidener formulieren: Der Lateinunterricht bietet über *seine* Domänen der Übersetzung und der grammatischen Schulung dem Deutschunterricht seine guten Dienste an. Angesichts des heftigen Gegenwindes, dem jedes Bemühen um Förderung der muttersprachlichen Kompetenz durch die Billig-»Konkurrenz« der Neuen Medien ausgesetzt ist, sind diese partnerschaftlichen Zweckbündnisse des Anspruchsvollen durchaus zukunftsweisende Modelle für die Eingangsklassen unserer Gymnasien.

Latein ist in vielerlei Hinsicht als Basissprache anzusehen. Vielleicht ist es gelungen, die These einigermaßen plausibel zu machen. Wenn sie zutrifft, dann sprechen sachlogische Erwägungen für Latein als *erste* Fremdsprache, als Fundament und Basis eben für alles, das darauf aufbaut.

Pionierfach des Lernens –
Die Vorzüge aus entwicklungspsychologischer Sicht

Dagegen werden mitunter entwicklungspsychologische Gründe ins Feld geführt. Ist der vergleichsweise hohe Abstraktionsgrad des Faches nicht zu anspruchsvoll für Fünft- und Sechstkläßler? Die überraschende Antwort der Wissenschaft lautet: Nein; bei Schülern, die gymnasialen Anforderungen genügen, wie sie etwa auch die Mathematik stellt, in der Regel keineswegs. In umfangreichen Untersuchungen hat einer der führenden Entwicklungspsychologen, Jean Piaget, festgestellt: Der Übergang vom konkreten zum formalen Denken vollzieht sich bei den meisten Kindern im Alter von 11–12 Jahren. Sie werden demnach vom Leistungsanspruch des Lateinischen im allgemeinen nicht überrollt oder erschlagen. Zumal unter den veränderten didaktischen Vorzeichen des modernen Lateinunterrichts, der auf kindgerechtes Lernen, auf die Notwendigkeit unterrichtlicher Erholungspausen zwischen den kognitiv anstrengenden Unterrichtsphasen, auf größere Anschaulichkeit, altersgemäße Texte und methodische Abwechslung deutlich größeren Wert legt als früher.

Im Lateinunterricht muß gründlich gelernt werden. Lernen lernen ist, nebenbei bemerkt, ein »Nebenprodukt« des Lateinunterrichts, den die Vertreter anderer Fächer mancherorts schon deswegen als methodisches Pionierfach schätzen – jedenfalls hinter vorgehaltener Hand. Aus entwicklungspsychologischer Sicht steht fest, daß Kinder in der Zeit vor der Pubertät leichter, rascher und intensiver lernen. Und das ohne Rücksicht auf vordergründige Nützlichkeitserwägungen. So wichtig es ist, dem jungen Latein-Lerner auch durch Anwendungsmöglichkeiten seines Wissens gewissermaßen motivational den Rücken zu stärken – er fragt in der Regel nicht so bohrend und provokativ nach dem »Wozu?« seines Lernens wie der Jugendliche in der Pubertät. Er zieht den Nutzen, eine »tote« Sprache zu lernen, viel weniger oder gar nicht in Zweifel – was seinen Lernwillen und seinen Lerneifer fördert.

Wenn dann das Englische als zweite Fremdsprache mit der beginnenden Pubertät einsetzt, wird es von vielen als willkommenes Fach begrüßt, das jedenfalls auf die Frage nach dem *unmittelbaren* Nutzen eine klare Antwort gibt. Daß Schüler in dieser Entwicklungsphase dem Lateinischen gegenüber viel häufiger die »Sinnfrage« stellen als gegenüber anderen Fächern, ist bekannt. Die davon weitgehend unbelastete zweijährige Vorlaufzeit der ersten Fremdsprache kann der Stabilität der dort gelegten Fundamente nur förderlich sein.

Und die Fremdheit der römischen Welt – ist sie »zarten« Fünftkläßlern überhaupt zuzumuten? Werden die sich darin zurechtfinden? Und ob! kann man besorgten Eltern nur aus voller Überzeugung erwidern. Es ist ja im Anfang nicht die »große« Welt Caesars und Ciceros, in die sie von modernen Lateinbüchern direkt hineingeworfen würden. Griechische Philosophie und römisches Recht stehen nicht auf dem Lehrplan der ersten Lateinjahre, wohl aber die interessante, spannende Welt eines ganz anderen Alltags, durch die man in den ersten Lektionen von kindgemäßen »Identifikationsfiguren« geleitet und begleitet wird. Es gibt ja so etwas wie den Reiz des Exotischen – und gerade jüngere Schüler sind recht empfänglich dafür. Alle Erfahrung zeigt, daß sie diese andere Welt neugierig-fragend, unbefangen und mit großer Aufgeschlossenheit betreten – ohne jene Attitüde (scheinbar) reservierter *coolness*, die in späteren Jahren offene Begeisterungsfähigkeit »verbietet«. Kurzum: Es macht Zehn- und Elfjährigen Spaß, mit dem Latein-Fahrstuhl in die Römerzeit zu fahren.

Willkommen im Minimus Club!

Wie in einer englischen Schule auch Achtjährige Spaß haben an Latein
Bei den Lehrern ihrer Schule wird Jan Compson mit ihrem Lateinfimmel dennoch eher belächelt. Sie entschloß sich deshalb, die Lateinstunden vorerst auf freiwilliger Basis in der Mittagspause abzuhalten. (…) Im Minimus Club herrscht ein Lerneifer wie in einem Propagandafilm zum Thema Bildung. Die zwanzig Freiwilligen, die seit Beginn des Schuljahres bei der Stange geblieben sind, geben für Latein ihre Mittagspause mit derselben Begeisterung auf wie ihre Lehrerin. Papier und Bleistifte werden verteilt. Die Finger gehen hoch. Draußen auf dem Schulhof toben die Kameraden. Keiner läßt sich dadurch stören.
Keine Spur auch von einer »toten« Sprache. Latein wird hier – in schlichten Sätzen, die Grammatik soll dem Verständnis auf leisen Sohlen folgen – von Anfang an gesprochen. (…)
Nach einer Stunde in Mrs. Compsons Klasse könnte man meinen, die britische Bildungskrise sei pure Einbildung. Erstaunlich, was eine Maus vermag – wenn sie Minimus heißt und Latein spricht.

(R. Luyken, »Die Zeit« vom 12.12.1997, S. 77)

Englisch als zweite Fremdsprache: No problem!

Bleibt das »Problem« Englisch. Besteht nicht die Gefahr, daß die »Früh-Lateiner« bei dieser ohne Zweifel wichtigsten Fremdsprache unserer Zeit ins Hintertreffen geraten? Aus dieser Sorge heraus entscheiden sich viele Eltern und ihre Kinder für das »Normalangebot« Englisch als erste Fremdsprache – auch wenn ihnen die mannigfachen Vorteile einer Erstbeschäftigung mit der Basissprache Latein sehr wohl einleuchten.

Bei normal begabten Gymnasiasten sind diese Befürchtungen unbegründet. Der Startvorteil der »Engländer« wird durch eine steilere Lern-Progression in der zweiten Fremdsprache nach und nach ausgeglichen. Am Ende der Klasse 10 sind die »Spätberufenen« in aller Regel auf dem gleichen Stand wie die »Früh-Engländer«. Dem erfolgreichen gemeinsamen Weiterlernen beider Gruppen in der Ober- bzw. Kollegstufe steht nichts im Wege.

Im übrigen ist es ja nicht so, daß die »Lateiner« in den ersten beiden Lernjahren vom Englischen gänzlich »unbeleckt« blieben. Allein die Pop-Szene sorgt dafür, daß auch sie – im Grunde viel natürlicher, weil innerhalb ihrer normalen Lebenswelt – erste Englisch-Kenntnisse erwerben; ebenso die deutsche Umgangssprache und die PC-Sprache mit ihren zahlreichen englischen Einsprengseln. Oder auch, wenn denn das »Reise-Argument« zugunsten der modernen Fremdsprachen so wichtig ist, Aufenthalte im Ausland: Man sollte nicht unterschätzen, wieviel Englisch Zehn- und Elfjährige bei einer Reise durch die USA, durch England oder andere Länder mit der Landes- oder Touristensprache Englisch so ganz nebenbei aufschnappen. Nicht zu vergessen schließlich den soliden Grundstock an englischem Vokabular, mit dem zweijähriges Lernen lateinischer Vokabeln dem »Früh-Lateiner« den Zugang zur neuen Fremdsprache erleichtert.

Aussichtsreich erscheinen auch erste Versuche, parallel zum grundständigen Latein eine Arbeitsgemeinschaft in Englisch anzubieten und damit die strikte Entweder-Oder-Situation zu entschärfen. Solche Doppel-Angebote mögen auf organisatorische Schwierigkeiten stoßen, aber die sollten lösbar sein. Der pädagogische Aspekt, ob die Schüler dadurch nicht überfordert werden, ist der ungleich wichtigere. Nach den bisherigen Erfahrungen scheint das nicht der Fall zu sein – auch weil klar ist, daß Englisch bei diesem Modell deutlich in der zweiten Reihe bleibt.

Dieses Modell wird vor allem dort in Frage kommen, wo grundständiges Latein neu (oder wieder) eingeführt wird. Denn da dürften die »Englisch-Sorgen« und Unsicherheiten größer sein, weil die Erfahrung fehlt. Wo sich jedoch grundständiges Latein seit Jahrzehnten bewährt hat – *ohne* negative Folgen für die Englisch-»Karrieren« der »Lateiner« –, spricht nichts dagegen, die Tradition der Solidität ohne Modifikationen fortzuführen. Latein als erste Fremdsprache ist kein Auslauf-Modell, sondern angesichts der Herausforderung durch die Neuen Medien eine zukunftsweisende Chance, wenn nicht sogar eine Notwendigkeit für den »neuen Schüler«.

17. Literaturhinweise

Grundlegende Literatur

Albrecht, M. v., Rom: Spiegel Europas, Heidelberg 1988

Binder, G. (Hg.), Latein in Universitätskursen, in: Der Altsprachliche Unterricht XXVII, Heft 2/3, 1984

Cancik, H., Rationalität und Militär. Caesars Kriege gegen Mensch und Natur, in: H.-J. Glücklich (Hg.), Lateinische Literatur – heute wirkend, Göttingen 1987, Band II, S. 7 ff.

Curtius, E. R., Europäische Literatur und lateinisches Mittelalter, Bern 1948 u. ö.

Diller, H. J., Latein im Studium der Anglistik, in G. Binder (Hg.), in: Der Altsprachliche Unterricht XXVII, Heft 2, S. 96 ff.

Fink, G. / F. Maier, Konkrete Fachdidaktik Latein, München 1996

Frings, U. / H. Keulen / R. Nickel, Lexikon zum Lateinunterricht, Würzburg 1981

Frings, U., Antike-Rezeption im altsprachlichen Unterricht, Bamberg 1984

Fuhrmann, M., Alte Sprachen in der Krise? Analysen und Programme, Stuttgart 1976

Glücklich, H.-J., Lateinunterricht. Didaktik und Methodik, Göttingen, 2. A. 1993

Glücklich, H.-J. (Hg.), Lateinische Literatur, heute wirkend, 2 Bände, Göttingen 1987

Hentig, H. v., Platonisches Lehren, I: Unter- und Mittelstufe. Probleme der Didaktik, dargestellt am Modell des altsprachlichen Unterrichts, Stuttgart 1966

Hölscher, U., Die Chance des Unbehagens. Zur Situation der klassischen Studien, Göttingen 1965

Jens, W., Antiquierte Antike? Perspektiven eines neuen Humanismus, in: Republikanische Reden, München 1976

Kytzler, B. / L. Redemund, Unser tägliches Latein. Lexikon des lateinischen Spracherbes, Mainz 1992 u. ö.

Lohe, P. / F. Maier (Hg.) Latein 2000. Existenzprobleme und Schlüsselqualifikationen, Bamberg 1997

Nagel, W., Latein – Brücke zu den romanischen Sprachen, Bamberg 1998

Schuller, W., Einführung in die Geschichte des Altertums, Stuttgart 1994

Vossen, C., Mutter Latein und ihre Töchter. Europas Sprachen und ihre Herkunft, Düsseldorf, 13. A. 1992

Weeber, K.-W., Alltag im Alten Rom. Ein Lexikon, Düsseldorf, 4. A. 1998

Westphalen, K., Basissprache Latein, Bamberg 1992

Wittstock, O. / J. Kauczor, Latein und Griechisch im deutschen Wortschatz, Berlin (Ost), 2. A. 1982

Wülfing, P., Caesars Bellum Gallicum. Ein Grundtext europäischen Selbstverständnisses, in: Der Altsprachliche Unterricht XXXIV, 1991, Heft 4, S. 68 ff.

Weitere Literatur in folgenden ausführlichen Bibliographien:

Gerstmann, D., Bibliographie: Lateinunterricht, 2 Bände, Paderborn 1998

Müller, A. / M. Schauer, Clavis Didactica Latina, Bibliographie für den Lateinunterricht, Bamberg 1994

KLEINE REIHE V&R

Darstellungen und Denkanstöße ...

... von Autoren, die sich lesen lassen.

Bd. 4001: Hans-Dieter Gelfert
Im Garten der Kunst
Versuch einer empirischen Ästhetik
ISBN 3-525-34001-X

Bd. 4002: Wolfgang Rothe
Goethe, der Pazifist
Zwischen Kriegsfurcht
und Friedenshoffnung
ISBN 3-525-34002-8

Bd. 4003: Karl-Wilhelm Weeber
Mit dem Latein am Ende?
Tradition mit Perspektiven
ISBN 3-525-34003-6

Bd. 4004: Thomas Kaufmann
Reformatoren
ISBN 3-525-34004-4

Bd. 4005: Florian Kranz
Eine Schifffahrt mit drei f
Positives zur Rechtschreibreform
ISBN 3-525-34005-2

Bd. 4006: Max Lüthi
Es war einmal ...
Vom Wesen des Volksmärchens
– Neuauflage
ISBN 3-525-34006-0

Bd. 4007: Erasmus von Rotterdam
Vom freien Willen
– Neuauflage
ISBN 3-525-34007-9

Bd. 4008: Walther Killy
**Wandlungen des
lyrischen Bildes**
– Neuauflage
ISBN 3-525-34008-7

Bd. 4009: Werner Besch
Duzen, Siezen, Titulieren
Zur Anrede im Deutschen
heute und gestern
– Neuauflage
ISBN 3-525-34009-5

V&R
Vandenhoeck
& Ruprecht

Das neue Unterrichtswerk für Latein als zweite Fremdsprache

Lumina ist ein völlig neuer Lehrgang für Latein als zweite Fremdsprache an Gymnasien und Gesamtschulen. Er wurde für die durch neue Rahmenrichtlinien und Stundentafeln veränderten Bedingungen des Lateinunterrichts entwickelt. Das bedeutet insbesondere, daß er so zügig wie möglich zur Lektürefähigkeit führt.

Die wichtigsten Vorzüge auf einen Blick:

- Einbändigkeit
- Originelle, motivierende Texte, die einen an modernen, fachdidaktischen Ansprüchen orientierten Interpretationsunterricht ermöglichen
- Konsequente Beschränkung des Grammatikpensums auf das für den Lektürebeginn Notwendige
- Vielfältige und abwechslungsreiche Aufgaben zu den Texten, zu Satzbau, Formenlehre und Wortschatz
- Altersgerecht gestaltete, zum Teil dialogisierte deutsche Informationstexte
- Zahlreiche vierfarbige Abbildungen, die zur weiteren Auseinandersetzung mit dem Lektionsthema herausfordern
- Ansprechendes und übersichtliches Layout

Lumina

Lehrgang für Latein als 2. Fremdsprache.

Herausgegeben von Helmut Schlüter. 1998. 304 Seiten mit zahlreichen farbigen Abbildungen, geb., dazu 48 Seiten Lernvokabeln, kart. ISBN 3-525-71014-3

In Vorbereitung für 1999:
- lektionsweise aufgebaute Begleitgrammatik
- Übungsheft
- Freiarbeitsmaterialien
- Software
- Lehrerheft
- Lösungsheft
- weiteres Zusatzmaterial

Vandenhoeck & Ruprecht

Jetzt in neuer Gestaltung:
EXEMPLA / CONSILIA

Römischer Alltag

Texte zum Leben in der römischen Welt. Bearbeitet von Hubert Müller. Exempla, Heft 16. 1998. 80 Seiten mit 7 Abbildungen, kart. ISBN 3-525-71618-4

Viele Bereiche des alltäglichen Lebens von Römerinnen und Römern werden hier lebendig: Schulleben und Ausbildung, Arbeitsleben, Frauenleben, Sklavenleben, Leben und Wohnen in der Stadt Rom, Freizeit, Kosmetik und Schmuck, Essen und Trinken, Bestattung und Totengedenken.

Hubert Müller
Römischer Alltag

Texte zum römischen Leben im Unterricht. Consilia, Heft 16. 1998. 80 Seiten, kart. ISBN 3-525-25648-5

Titus Livius, Ab urbe condita

Bearbeitet von Gerhard Fink und Andreas Hensel. Exempla, Heft 17. 1998. 80 Seiten mit 4 Abbildungen, kart. ISBN 3-525-71619-2

Andreas Hensel / Gerhard Fink
Titus Livius „Ab urbe condita" im Unterricht

Consilia, Heft 17. 1998. 120 Seiten, kart. ISBN 3-525-25649-3

Horaz, Oden

Bearbeitet von Lothar Rohrmann und Ernstgünther Buchtmann. Exempla, Heft 18. 1998. 116 Seiten, kart. ISBN 3-525-71620-6

Ernstgünther Buchtmann / Lothar Rohrmann
Die Oden des Horaz im Unterricht

Consilia, Heft 18. Ca. 96 Seiten, kart. ISBN 3-525-25650-7

Vandenhoeck & Ruprecht